Tienduizend tranen

Elizabeth Kim

Tiendiuzend tranen

Vertaald door Marcella Houweling

Uitgeverij Luitingh ~ Sijthoff

Voor meer informatie: kijk op **www.boekenwereld.com**

Tweede druk

Oorspronkelijke titel: *Ten Thousand Sorrows*
Vertaling: Marcella Houweling
Omslagontwerp: Nico Richter
Omslagfotografie: Elizabeth Kim

CIP/ISBN 90 245 3751 7
NUGI 301

Voor Omma

Ik kus talloze keren je gezicht
Telkens en telkens en telkens weer.
Ik sluit je oogleden, strijk je haren glad
En vouw je zachte handen ineen.
Vlindervleugels die klappen
Tegen het gewelfde plafond van dit leven,
Fladder nu vrij in de openlucht.
En met de onzichtbare winden mee,
Zal ik deze waarheid fluisteren:
Ik hou van je. Ik hou van je. Ik hou van je.

Mijn diepgevoelde dank gaat uit naar Gary Klien voor de integriteit van zijn subtiele schrijversverstand en voor de onvermoeibaarheid van zijn steun; naar Catherine Hedgecock, Lawr Michaels, Paul Cannon, Gracie Doyle en Stephen Calnan voor hun aanmoedigingen en liefdevolle raadgevingen; naar mijn agente, Patti Breitman, die in dit boek geloofde lang voordat ik dat zelf deed; naar mijn redacteur bij Doubleday, Amy Scheibe, voor haar inzicht en aandacht; en naar dr. Roberta Seifert voor haar wijsheid en rustige begeleiding tijdens mijn reis door de duisternis.

Op geen enkele manier kan ik ten volle uitdrukking geven aan de diepte van mijn liefde en bewondering voor de schat die mijn dochter is. Ze heeft mijn leven gered en me een reden gegeven om te leven. Ze is de briljantste en mooiste vrouw die je je maar kunt voorstellen. Omma zou dol op haar zijn geweest.

Proloog

Ik weet niet hoe oud ik was toen ik toekeek terwijl mijn moeder werd vermoord, noch weet ik hoe oud ik vandaag de dag ben. Er bestaan geen officiële geboortepapieren of bescheiden die mijn naam vermelden. Niets is opgetekend over het korte leven van mijn moeder. Er bestaat geen formele verklaring waaruit blijkt dat haar broer en haar vader haar hebben gedood onder het mom van een 'eremoord'.

Deel een

Deze herinnering: het geritsel van haar gewaad.
Deze herinnering: de wierookgeur in haar haren.
Deze herinnering: ze tilt me van de grond,
houdt me stevig vast en zwaait me rond, lachend.
Ik raas en tier in het donker en roep haar naam;
ik verberg me in het donker en doe mijn ogen dicht.
De winter van mijn leven is bevroren pijn;
het verlangen naar mijn moeder verflauwt nimmer.

Een

Op de avond dat Omma stierf, leek het alsof het Land van de Ochtendkalmte van ongeloof zijn adem inhield bij de verschrikkingen waardoor zijn kinderen werden bezocht. De stormachtige decemberwind ging liggen en de bittere koude nestelde zich roerloos in ons huisje. De lucht was ijl en onstabiel.

Omma maakte een speciale avondmaaltijd klaar van tahoe met chilipeper en knoflook, en daarbij, zoals gewoonlijk, rijst, kimchi en kweethee. Ze was drukker dan anders en praatte tegen me alsof ik een volwassen vrouw en een gelijke was, niet haar jonge dochter. Haar huid als van gekreukelde zijde zag er koortsig uit en haar ogen schoten heen en weer terwijl ze praatte.

Omma vertelde me dat ik ergens op deze wereld een plek zou kunnen vinden waar ik als mens zou worden behandeld. Ze legde me uit dat ze net als boeddhisten geloofde dat het leven uit tienduizend vreugdes en tienduizend tranen bestond, en dat dat allemaal stappen waren op weg naar de uiteindelijke bevrijding uit het lijden. Ze zei dat aan niets werkelijk een einde kwam, zelfs aan het leven niet. Alles bewoog zich voortdurend in een kringloop van nacht en dag, donker en licht, dood en wedergeboorte. Omma zei dat je alleen eer verwerft door je hart te volgen, niet door te leven volgens de regels van andere mensen. Ze sprak over macht. Het was misschien wel mogelijk voor een vrouw – zelfs

al was ze een 'niemand' – om macht te krijgen, zei ze.
Toen de etensboel was opgeruimd en de vloer geveegd, vulde Omma de grote, zwartgeblakerde, ijzeren pot met water en zette hem op de vuurput totdat het water aangenaam warm was. Ze waste me zorgvuldig maar snel zodat ik het niet koud zou krijgen, trok me toen een schone *hanbok* aan, een wijde, katoenen rok tot op de enkels met een kort, gewikkeld lijfje. Ze borstelde en vlocht mijn lange, krullende, donkerbruine bijna zwarte haar, dat meestal onder een witte sjaal verborgen zat. Ze gaf me een opgevouwen stuk rijstpapier dat vol kleine schrifttekens stond en zei dat ik de volgende dag voor zonsopgang het dorp via het onverharde pad moest verlaten, met het stuk papier, totdat ik iemand op de grote weg vond om het aan te laten zien. Verbijsterd maar gewend te gehoorzamen knikte ik alleen maar.
Omma trok me ineens onstuimig naar zich toe en perste me tegen haar lichaam terwijl ze een stortvloed van liefde in gefluisterde woorden over me uitstortte. Ze vertelde me telkens en telkens weer hoe dierbaar ik haar was, hoe mooi en volmaakt ik was. Ze vertelde me dat mijn leven haar meer waard was dan dat van haarzelf. Ze vertelde me dat ze ontzettend veel van me hield.
Omma liet me los, duwde me een stukje van zich af en zei toen dat ik in de grote mand van gevlochten bamboe moest kruipen die naast ons bed stond en die we als bergmeubel gebruikten. 'Wat er ook gebeurt, houd je doodstil en blijf daar tot vlak voordat de zon opkomt,' zei ze. Met mijn ogen strak op haar gezicht gevestigd, gehoorzaamde ik zonder iets te zeggen en stapte in de mand. De duisternis viel toen ze de deksel dichtdeed.
Het daaropvolgende uur of zo zat ik met gekruiste benen in de mand, en zag door de gaten in het vlechtwerk de flakkerende kaarsvlam en flarden van Omma terwijl ze roerloos voor het kleine houten boeddhabeeld zat. De kamer vulde zich met haar helder klinkende gezangen, de zuivere tonen stijgend en dalend. Ik wachtte, klaarwakker, gespannen en bang.
Er was nog maar een stompje kaars over en het was schemerdonker in de kamer toen gehaaste voetstappen de stilte wreed

verstoorden en stemmen in de kamer opklonken. Ik werd me een wirwar van geluiden en bewegingen gewaar die op onenigheid wezen en ik hield mijn gezicht dichter bij het vlechtwerk zodat ik beter door de ruim één centimeter grote gaten kon kijken en kon volgen wat er gebeurde.

Ik herkende het grimmige gezicht en de stem van Omma's vader, een van de dorpsoudsten die mij nog nooit direct had aangesproken. Ik herkende de stem van Omma's oudere broer, een luidruchtige jongeman die een belangrijk dorpshoofd was.

Beiden hadden die middag iets ongekends gedaan: ze liepen op Omma af terwijl ze in het rijstveld aan het werk was en spraken haar aan. We waren op dat moment hard aan het werk om te proberen onszelf zo warm mogelijk te houden. Ik ging even rechtop staan, me ervan bewust dat er iemand naderde, en was stomverbaasd toen ik zag dat mijn grootvader en mijn oom in onze richting liepen. Omdat ze tot de dorpsoudsten behoorden, wist ik dat dit een gebeurtenis van het allerhoogste belang was. Omma kwam overeind, wreef haar vermoeide rug, boog toen en wachtte zonder iets te zeggen. De mannen bogen niet maar begonnen onmiddellijk op afgebeten toon tegen haar te spreken. Ze spraken alle drie niet hard, dus wist ik niet wat er werd gezegd, maar ik bleef van een afstandje staan toekijken. Allemaal zagen ze er boos uit en mijn moeder keek de mannen vol verachting aan. Geen van drieën boog toen het gesprek was afgelopen.

En nu verdrongen deze mannen zich in ons piepkleine huisje. De jonge vrouw van Omma's broer was er ook bij. Ze zei niets en hield haar hoofd gebogen. De mannen droegen de opengewerkte, hoge hoedjes die het kenmerk waren van hun positie als dorpshoofden. Omma's vader was een forse, getaande kerel met een dunne, strenge, strakke mond en diepe groeven in zijn wangen. Haar broer was langer en had een lichtere huid. Omma's schoonzuster droeg een stijf gesteven, witte hanbok.

Omma's broer voerde het woord. Hij zei tegen haar dat de familie de kwestie weer besproken had nadat ze die middag op het rijstveld hun eisen aan haar hadden voorgelegd, en hij was nu hier met zijn vader en zijn vrouw om hun plannen te verwezenlijken. Een gezin had aangeboden om de *honhyol* – mij – als dienstmeid in hun huis op te nemen. Ze hadden me op de rijstvelden zien werken en vonden dat ik nu oud genoeg was om me in en rondom het huis nuttig te maken en ook om me te verloven. De mensen die dit aanbod deden, wilden twee vliegen in één klap slaan: een meid aan hun huishouding toevoegen en een toekomstige vrouw bemachtigen voor een jongeman die bij hen in dienst was.

Uit de indringende bewoordingen die Omma's broer gebruikte om zijn eisen kracht bij te zetten, bleek ook dat er een geldsom was toegezegd. Hoewel onze bloedverwanten eerbiedwaardige posities bekleedden, waren ze arm, zoals iedereen in het dorp, en dat ze nu een bom duiten konden verdienen en zich van de schande van de familie verlossen – en dat allemaal in één keer – moet in hun ogen een ongelofelijke buitenkans hebben geleken.

Omma bleef geknield voor het altaar zitten. Ze vertrok geen spier, maar haar stem klonk zo hard als staal.

Ze zei tegen de mannen dat ze niet van gedachten was veranderd sinds het gesprek op het veld en dat ze haar dochter nooit als slavin zou verkopen.

Haar broer zei tegen haar dat een vrouwelijke honhyol al minder dan een slaaf was en dat de verheffing van zo iemand tot de status van dienstmeid toch een stap vooruit was in de wereld. Hij zei tegen haar dat de familie die de honhyol wilde kopen respectabel was en dat deze kans meer was dan zowel Omma als haar 'niemand' van een kind eigenlijk verdienden.

Iets anders dat haar broer op zijn schoolmeesterachtige toontje duidelijk maakte, was dat de mensen die dit aanbod deden, erop stonden dat Omma haar toestemming gaf, anders zou de transactie niet doorgaan. Ze waren bereid om een meid te kopen, maar ze waren niet bereid om tegen de wensen van de moeder in te gaan. Dat ze haar toestemming moest geven, was al een verregaande concessie die ze deden als het ging om het teniet-

doen van de schande van de familie en het verzoenen van Omma met haar familie.
Mijn moeder kwam niet uit haar geknielde houding voor de boeddha toen ze haar laatste troef uitspeelde. Wat men haar ook aanbood of hoe graag de familie ook wilde dat ze het voorstel accepteerde, het kon niet, en wel om de volgende eenvoudige reden: het kind was er niet meer. Ze vertelde hun dat ze haar dochter had weggestuurd om haar te vrijwaren voor de plannen van de familie en dat het kind was ondergedoken op een plek waar ze haar nooit zouden kunnen vinden.
Omma's broer deed twee stappen naar voren en sloeg haar zó hard dat ze omviel en het kleine houten boeddhabeeld op de grond tuimelde. Spatten spuug vlogen uit zijn mond toen hij tegen haar zei dat ze een smerig stuk vreten was, reddeloos verloren, en dat hen vanwege haar verstoktheid nog maar één uitweg openstond.
Hij rukte haar bij haar haren op van de vloer en zei tegen zijn vrouw dat ze Omma's handen en voeten moest vastbinden. Omma verzette zich niet en hield haar ogen gesloten terwijl ze zachtjes de meewarige boeddha toezong. Haar witte hanbok zat onder de vlekken van de aarden vloer, maar de blauwe sjerp zat nog steeds keurig netjes en in een perfecte asymmetrie om haar borstkas gewikkeld. De wrong boven op haar hoofd was losgeraakt en de haren vielen nu als een schitterende glanzende waterval over haar rug.
In de bamboemand moest ik mijn uiterste best doen om geluidloos te blijven ademhalen, waarbij mijn tanden zich vastbeten in mijn onderlip en het bloed langs mijn kin begon te lopen.
Over de sterke, door de jaren heen zwart geworden balk in de hoek van de kamer wierp grootvader een touw. Hij zei niets en hield zijn lippen stijf op elkaar. De twee mannen gingen snel te werk en maakten een strop die ze over Omma's gebogen hoofd lieten glijden. Toen ze het touw strak trokken, steeg mijn moeder omhoog totdat ik tussen het bamboe vlechtwerk door alleen nog maar haar blote, in de lucht bungelende voeten kon zien. Ik

zag die melkwitte voeten krampachtige bewegingen maken, bijna in het ritme van de *Hwagwan-mu*-dans, en toen roerloos worden. Ze leken zich te strekken, recht naar de grond wijzend alsof Omma een pirouette op de toppen van haar tenen wilde maken.

Ik besefte niet dat ik uit de mand was gestapt. Ik was me niet bewust van de tranen en het bloed die van mijn gezicht af dropen. Ik zag niets anders dan mijn geliefde Omma hangend tussen hemel en aarde. Ik rende naar de witte, verslapte voeten en bedekte ze met kussen. Ik riep om mijn moeder tot ik geen adem meer over had.

Ik dacht pas weer aan de anderen in de kamer toen ik voelde dat ruwe handen me beetpakten en op het altaar tilden en me daar in bedwang hielden. Haar broer vloekte en zei dat Omma zelfs met de dood voor ogen tegen hen had gelogen. En nu, zei hij, zaten zij opgescheept met dat onheilsgeval dat ze had achtergelaten. Hij gaf zijn vrouw het bevel om mijn armen vast te houden en zijn vader deed hetzelfde met mijn benen. Zijn vader had geen woord gezegd; zijn vrouw zei voor de eerste en de laatste keer iets daar in ons huis en vroeg de mannen mijn leven te sparen, waarbij ze beloofde dat ze me de volgende dag van de hand zou doen. Haar man spuugde voordat hij antwoord gaf. Hij herinnerde haar eraan dat ik een 'niemand' was, geen mens en daarom geen enkel gevoel waard.

Met een ruk trok hij mijn witte hanbok van mijn lijf, pakte de lucifers van het altaar en stak de eerste aan. Hij dwong me mijn benen te spreiden en hield de vlam tegen mijn huid.

De pijn was zo intens dat iedere gedachte werd uitgewist en ik niets anders dan draaiende raderen van wit vuur voor mijn ogen zag.

Twee

In het confucianistische dorp waar ik met Omma woonde, was respect voor ouderen de hoogste deugd. Voorouderverering was een levensbeginsel en gehoorzaamheid aan ouderen was onvoorwaardelijk en onaantastbaar. In opstand komen tegen een oudere persoon was een regelrechte uitnodiging tot een maatschappelijke verkettering van enorme omvang. Vrouwen bekleedden de allerlaagste plaats in de hiërarchie en waren alleen op deze wereld om mannen te dienen en zonen te baren. Er werd van hen verwacht dat ze zachtjes spraken, hun ogen neersloegen en zich onopvallend gedroegen. Hun rol was die van iemand die niet nadacht maar louter gehoorzaamde. Het niet gehoorzamen aan een mannelijke bloedverwant – vooral een oudere – was ondenkbaar.

Ik geloof dat Omma in die duidelijk geordende samenleving vanaf haar jonge jaren al een probleem vormde. Ze wees het confucianisme af en verkondigde dat ze zich tot het boeddhisme had bekeerd. Maar ze ging echt over de schreef wat de gehoorzaamheid betreft toen ze haar ouders vertelde dat ze niet uitgehuwelijkt wenste te worden, iets dat de meeste Koreaanse vrouwen als vanzelfsprekend aannamen.

De weinige keren dat ze tegen mij over zichzelf sprak, gaf Omma duidelijk te verstaan dat ze niets had gedaan waarvoor ze zich schaamde. Ze was een vrije, creatieve geest die wegen zocht om uitdrukking aan zichzelf te geven. Haar familie en de buren moeten haar sterke wil als bedreigend en gevaarlijk hebben ervaren. Haar dromen kwamen niet uit, maar ze bleef ze trouw. Voor niets in haar leven gaf ze zichzelf op haar kop, ze accepteerde eenvoudigweg hoe het levenswiel zich gewenteld had.

Ik zoog mijn moeders gevoel van gelaten aanvaarding in me op, en het grootste deel van mijn leven heb ik doorgebracht in het geloof dat alles wat er gebeurde, in goede of in kwade zin, per definitie zo bedoeld was. Protesteren tegen je lot was zinloos; het enige dat je kon doen was accepteren wat je in het leven gegeven werd.

Maar toen Omma groter werd, bracht ze de dorpsoudsten tot razernij en choqueerde de vrouwen met haar rebelse gedrag en afwijkende ideeën. Haar norse vader sloeg haar en haar moeder schreeuwde tegen haar met een stem die je door merg en been ging. Maar niets kon haar veranderen. Diep vanbinnen was ze witheet van woede en ze broedde een plan uit om te ontsnappen. Haar familie herinnerde haar keer op keer aan haar plichten als dochter en bedreigde haar met het afschrikwekkendste dat er bestond: volledige uitstoting uit de familie en het dorp. Als ze de familie te schande maakte, zou ze door hen doodverklaard worden: niet langer hun dochter zijn en zelfs niet langer een mens. Deze bedreiging werd dagelijks geuit en Omma haalde haar bevallige schouders op en ging door met haar werk in de rijstvelden.

Op haar gematigde manier was ze een rebel. Ze wilde dolgraag naar de stad met zijn elektrisch licht, om plezier te maken en gesprekken te voeren. Ze ergerde zich aan de bekrompenheid en de strenge grenzen die aan haar bestaan werden gesteld. En altijd droomde ze, van binnenuit gevoed door een sprankje hoop, over de liefde.

In die strenge confucianistische cultuur bleven meisjes totdat ze trouwden bij hun moeder en werden daarna slaven van hun schoonmoeder. Vrouwen wachtten hun hele leven lang op het

moment dat hun schoonmoeder stierf en hun zonen trouwden, zodat ze iemand anders konden domineren en die dwaze cyclus van wreedheden voortzetten.
Een vrouw riep onherroepelijk de schande over zich af als ze zich schuldig maakte aan een van de *chilgo chiak*, oftewel de zeven zonden:

Niet gehoorzamen aan haar aangetrouwde familieleden
Geen zoon ter wereld brengen
Seksueel losbandig zijn
Jaloers zijn
Draagster van een erfelijke ziekte zijn
Te veel praten
Stelen

Voor mannen bestonden dergelijke regels niet.
Uiteindelijk liep Omma van huis weg en ging naar Seoel. Ze wilde zangeres worden. Haar hoge stem bracht perfect vibrerend de Koreaanse pentatonische toonladder ten gehore en in haar dromen was ze een *kisaeng* in vroeger dagen die de adel vermaakte en iedereen met haar talent en schoonheid verbaasde. In die dromen liet ze het dorp – met zijn verstikkende patriarchale regels en zijn slaapverwekkende zelfvoldaanheid – ver achter zich.
Toen zich een kans aandiende, aarzelde ze geen moment. Op de een of andere manier, mogelijkerwijs door middel van haar werk in de rijstvelden, had ze uiteindelijk genoeg geld voor de treinreis gespaard. Lang voordat de zon opkwam, bond ze haar goede hanbok en een paar andere noodzakelijke dingen netjes in een vierkante lap en verliet via het uitgesleten voetpad het dorp.
Seoel was overweldigend. Maar Omma was niet makkelijk te intimideren. Ze vond al snel een baantje en bouwde een kleine kennissenkring op. In het eenvoudige eethuisje waar ze kommen *naeng myon* in koude bouillon opdiende, raakte ze bevriend met een van de vaste klanten. Hij kwam uit Amerika, een land dat voor haar net zo ver weg lag als de maan. In gebroken Koreaans,

en bijgestaan door een woordenboek, vertelde hij haar over zijn familie, zijn huis en zijn verplichtingen als soldaat. Hij gaf haar een minuscuul Amerikaans vlaggetje en vertelde haar dat het het symbool was voor de vrijheid die iedereen in zijn land genoot. Hij draaide jazzplaten voor haar. En hij wist veel meer van haar land af dan zij. Hij vertelde haar over de recente wapenstilstand die een einde aan de Koreaanse Oorlog had gemaakt en het land in tweeën had gedeeld.

Voor Omma, die snakte naar kennis en een goed gesprek, kon hij door niemand geëvenaard worden. Ze raakte in de ban van hem en werd al snel verliefd. Zoals zoveel vrouwen van haar leeftijd en haar stand hoopte mijn moeder dat deze soldaat anders dan andere soldaten zou zijn: hij zou haar bij zich houden, zelfs in Amerika; hij zou haar nooit in de steek laten.

Maar hij liet haar wel in de steek, en Omma's holvoetige dribbelpasjes werden traag en schuifelend; haar zangerige stemgeluid werd hees en mat; en al snel dijde haar lichaam uit. Toen het duidelijk werd dat ze in verwachting was, raakte ze haar baantje kwijt en uitzicht op het krijgen van ander werk had ze niet. Er bleef haar niets anders over dan terugkeren naar het dorp, met voor iedereen zichtbaar het ondubbelzinnige teken van haar schande dat ze voor zich droeg.

Haar hart was vervuld van maar één ding: de omvang van wat ze was kwijtgeraakt, de ontroostbaarheid van het in de steek gelaten zijn. Wat haar vader of de dorpelingen ook zouden zeggen of doen, het deerde haar niet; iedere vezel van haar lichaam leed al ondraaglijke pijn.

Ze was zwanger, droeg het kind van een Amerikaanse soldaat. Ze was armlastig en wanhopig. Ze was niets geweest toen ze het dorp verliet; ze was nu nog minder dan niets. Een 'niemand' die een 'niemand' in zich droeg, zonder hoop en gebukt gaand onder de schande.

Op de dag dat Omma terugkeerde naar het dorp, waren de meeste inwoners op de velden aan het werk. Ze liep naar een hutje waarvan ze wist dat het leegstond en dat aan de rand van het dorp lag – niemand wilde daar wonen omdat het afgezonderd lag en piepklein was – en begon het schoon te maken. Ze maakte zich totaal niet meer druk over wat er zou gebeuren; het enige dat ze op dat moment wilde, was rust. Toen de mensen terugkeerden van hun werk die dag, ging het als een lopend vuurtje door het dorp dat de stokebrand terug was.

Maar hoewel niemand haar aanvankelijk vijandig bejegende, was ook niemand bereid om haar welkom te heten. Ze werd getolereerd maar niet in de armen gesloten. Haar familie kwam niet bij haar op bezoek. En de vriendinnen die ze misschien nog had gehad, konden het niet riskeren om de schande over zichzelf af te roepen door met haar gezien te worden. Vanaf dat moment bewoog ze zich aan de periferie van het dorpsleven. Niemand zei iets toen ze stilletjes terugkeerde naar haar oude plekje in de rijstvelden. De hele dag sprak niemand tegen haar.

Ik weet niet hoe Omma het heeft klaargespeeld toen mijn geboorte zich aankondigde. Misschien dat de vroedvrouw van het dorp besloot om in ruil voor geld Omma's eerloze status te negeren. Misschien was Omma op zichzelf aangewezen. In ieder geval werd ik gezond geboren. Omma had nu een kind en een bondgenote. Er was nu iemand die zich niets van haar status of van haar zonden uit het verleden aantrok. Er was iemand die haar nodig had, die van haar hield en die ieder moment van de dag met haar wilde doorbrengen.

Een paar dagen na mijn geboorte was Omma waarschijnlijk al weer terug in de rijstvelden. Er volgde geen lange periode om te herstellen, er waren geen dierbare verwanten die haar konden vertroetelen. Ze hing me in een katoenen draagdoek voor haar borst en ging weer aan het werk.

Ik was haar permanente metgezel, en toen ik oud genoeg was, nam ik mijn plaats aan haar zijde in en werkten we samen in de rijstvelden. We verdienden net genoeg rijst om te kunnen eten, en om te verhandelen zodat we in de meeste van onze basisbehoeften konden voorzien.

Zo nu en dan hielden we op met werken en rechtten onze pijnlijke ruggen, handen op de heupen, schouders ophalend en weer ontspannend, vingers buigend en strekkend. Vanaf de velden konden we het dorp in de verte zien liggen. Het zag er klein en onwezenlijk uit tegen de achtergrond van de ongecompliceerde schoonheid van de bergen.

Het dorp had slechts één reden van bestaan: rijst verbouwen. Iedereen was van elkaar afhankelijk om het karwei te klaren. De rijstvelden voorzagen het hele dorp en de verre omtrek van voldoende voedsel; het was de spil waar alles om draaide. Het was de levensader van de mensen: voedsel om te eten, voedsel om te verkopen zodat van het gebeurde geld basisbehoeften zoals kolen voor de vuurputten, thee en medicinale kruiden konden worden gekocht.

Het kleine dorp was adembenemend in zijn schoonheid: het lag in een groene, weelderige vallei niet zo ver van Seoel, omgeven door de talloze bergen van Korea. Voor het oog was het de belichaming van Korea's naam: Land van de Ochtendkalmte.

Rondom ons lagen in mist gehulde bergtoppen en aan onze voeten welig tierende velden vol cosmea's, azalea's en ginkgo's. Fragiele loten van de rijstplanten stonden als minuscule, smaragdgroene sprieten in de glinsterende sawa's.

Drie

Ik was een klein meisje met donkerbruin haar dat hand in hand met mijn Omma over de onverharde weg liep van de rijstvelden terug naar ons kleine huisje. Mijn hoofd kwam tot ongeveer haar middel, en terwijl we daar zo liepen, keek ik herhaaldelijk op om een glimp op te vangen van een van haar minieme, kortstondige glimlachjes. Het was een wandeling die we iedere dag maakten na uren blootsvoets in de drassige velden te hebben gestaan waar we de waardevolle rijst plantten, verzorgden en oogsten. Als we alleen op de weg waren, liet Omma me stoppen om mijn speelse boeket van lavendel en rode cosmea aan te vullen dat in een aardewerken kimchi-pot op ons altaartje stond.

In het schemerdonker, met de bergen die voor ons oprezen, sjokten we op vermoeide voeten voort terwijl ik me inspande om Omma bij te houden. Ze staarde strak voor zich uit, haar hoofd gehuld in een witte sjaal, haar hanbok bemodderd. Ik was haar schaduw, bleef dicht bij haar lopen en hield mijn gezicht zo uitdrukkingsloos als het hare. De lucht was fris en schraal en ik keek uit naar de *ondol* – de kleine vuurput – die zowel gebruikt werd om ons huisje te verwarmen als om de rijst voor onze maaltijden op te koken.

In mijn ooghoek zag ik iets bewegen. Verschillende mensen stonden voor een van de nabijgelegen huisjes en hieven na een lange dag werken theekommen naar hun mond op. De mokken bleven halverwege steken. Het achteloze gebabbel verstomde. Het was stil en toen hoorde ik dat ze begonnen te spugen. Ik was de eerste die door een kiezelsteen werd geraakt; ik voelde de pijn in mijn rug, onder mijn schouderblad. Ik huilde niet en keek niet achterom. Omma nam me niet in bescherming. We zeiden niets. Ze klemde mijn hand nog steviger vast en we liepen door, iets sneller maar nog steeds strak voor ons uit starend, zonder ook maar een spatje zwakte te tonen. De volgende kiezelsteen raakte mijn wang, en toen werden we allebei onder spervuur genomen: op de rug, armen, benen en het gezicht.

Het gejoel begon: 'honhyol', een verachtelijke naam die 'een niemand, van gemengd ras, beest' betekent. Na iedere belediging spuugden de stenengooiers, alsof ze hun monden moesten reinigen na zoiets gezegd te hebben.

Zodra we het eigenlijke dorp voorbij waren, konden de stenen ons niet meer raken. We liepen naar ons eenkamerhuisje, aan de rand van het dorp en aan het einde van de lange, onverharde weg, ver weg van de andere dorpelingen. De bergen, purper voordat de zon onderging, doemden voor ons op. We hielden onze ogen daarop gericht en onze ruggen recht, en liepen zonder aarzeling of misstap door totdat we binnen waren. Eenmaal veilig achter onze voordeur pakte Omma me op en wiegde me tegen haar borst. Ze veegde het bloed van mijn wang en wreef zachtjes mijn rug die onder de blauwe plekken zat, maar ze zei niets over wat er zojuist was gebeurd.

We kleedden ons warm aan, maakten ons avondeten, namen het mee naar buiten en gingen aan de andere kant van ons huisje zitten, waar het dorp voor ons geheel uit het zicht lag. We nipten van de hete thee en aten onze warme rijst en pittige kimchi van radijs en kool uit aardewerken kommen, terwijl we toekeken hoe de purperen bergen zwart werden.

Het duurde een hele tijd voordat een kleine kom rijst op was omdat we langzaam aten, met ceremonieel. Omma schepte de rijst op, nam daarna de kom in beide handen en boog naar me. Ik

boog ook en nam de kom aan. Daarna zaten we tegenover elkaar terwijl we langzaam kleine hapjes van de rijst namen en met smaak proefden van de stukjes kruidige kimchi. Verrijkt met slokjes hete gerstethee, waren de maaltijden met mijn moeder als hartverwarmende feestdissen.
Ze wachtte altijd beleefd totdat ik de eerste hap had genomen en vaak haalde ze een extra knapperig stukje witte kool met haar eetstokjes uit de kimchi-kom en stopte dat dan in mijn mond. Soms probeerde ik haar ook iets te eten te geven, maar ik was niet zo handig met mijn eetstokjes als mijn gracieuze moeder. Niettemin glimlachte ze naar me en at op wat ik haar gaf.

Herhaaldelijk werden we op de onverharde weg vernederd. Mijn moeder sprak er met geen woord over. Ze tilde nooit haar arm op om de stenen af te weren, noch beschermde ze mijn kleine lichaam met dat van haar. Het kwam ook niet in me op om dat te vragen. Als ik er nu op terugkijk, geloof ik dat ze wist dat haar dood aanstaande was. Ze wist dat ze er niet meer zou zijn om me te beschermen. Ze wist wat de prijs was voor het feit dat ze een kind van onzuiver ras had gebaard... en het had gehouden.
En hoewel ze zichzelf beschouwde als iemand die in opstand kwam tegen haar eigen cultuur, bereidde ze me voor op de enige manier die ze kende en die in zekere zin typisch Koreaans was: ze bleef bij me en deelde mijn pijn, maar ze dwong me de situatie samen met haar onder ogen te zien en dat te doen met opgeheven hoofd en zonder tranen te vergieten.
Omma probeerde me nooit te troosten door te zeggen dat ik gelijk aan anderen was. Ze zei nooit dat het probleem bij alle andere mensen lag. In feite denk ik dat ze echt geloofde dat ik niet gelijk aan anderen was. Omma accepteerde dat ik een 'niemand' was en dat we paria's waren, maar toch hield ze van me. We waren als twee lepralijders die in hun eigen kleine kolonie leefden: we wisten dat we ziek waren en niet onder de mensen konden komen, maar we creëerden een kleine, veilige, vredige haven voor onszelf.

In de Aziatische cultuur waarin afstamming en eer ontzaglijk belangrijk zijn, is men van oudsher onverdraagzaam tegenover kinderen van gemengd ras. Nationale trots is diepgeworteld, en in Korea heeft de intense liefde voor het erfgoed van het land en de tradities een schaduwzijde die bestaat uit haat tegenover alles wat de zuiverheid van dat erfgoed bezoedelt.
Ik kan me niet herinneren dat ik ooit enige verontwaardiging heb gevoeld omdat Omma me niet tegen de stenen beschermde, noch kan ik me herinneren dat ik verontwaardiging heb gevoeld omdat niemand me beschermde tegen de obstakels die later op mijn weg kwamen. Omdat ik niet anders gewend was, had ik het gevoel dat het de gewoonste zaak van de wereld was.

Omma was een serieuze vrouw. Ik denk dat ze een levendig en ondeugend kind is geweest. Vage sporen van dat meisje waren zo nu en dan nog zichtbaar, maar alleen wanneer me met z'n tweeën waren en samen speelden of dansten. Ze was begin twintig, maar rond haar ogen waren al rimpeltjes zichtbaar en haar schouders waren gekromd.
Ik zag Omma zelden glimlachen, maar als we samen in het rijstveld stonden, ontspande haar strakke mond zich en verdwenen de plooien uit haar voorhoofd als ze naar me keek terwijl ik naast haar aan het werk was. Als we door het rijstveld liepen, bleven mijn voeten in de zuigende modder steken omdat ik zo snel en vloeiend als mijn behendige moeder wilde werken. Omma stopte zo nu en dan om me vooruit te helpen en om mijn sjaal te herschikken waaronder mijn krullende haren werden verborgen. Maar mijn gezicht kon niet worden verhuld. Ik zag dat Omma trilde op die momenten dat we overdag samen buiten waren; ik zag de twijfelende ogen van voorbijgangers veranderen in een verachtende blik van herkenning wanneer tot hen doordrong wat ik was.
Omma was mooi, althans in mijn ogen. Ze had een waterval van stijl, zwart haar dat haar heupen en huid beroerde als ietwat gekreukelde zijde. Ze had een prachtige mond met fijn gewelfde

lippen. Haar voorhoofd was hoog, en haar neus was klein en fraai gevormd. Omma's handen waren sterk en vereelt, maar ze was er uiterst zachtzinnig mee. Om haar heen hing de geur van de rook uit de vuurput en van de wierook die ze 's avonds brandde. Ze was lang vergeleken bij de andere vrouwen in het dorp, en in tegenstelling tot velen van hen gedroeg ze zich volstrekt niet onderdanig. Haar houding was fier.

Omma's haar was steil; het mijne gekruld. Mijn neus was iets groter dan de hare, mijn ogen iets ronder. Mijn huid had dezelfde getaande okerkleur.

Ze had heel veel ontzag voor de natuur en leerde me van alles over de prachtige planten die in ons land in het wild groeiden, de forsythia, het altheaboompje en de heilige lotusbloem. We hielden bijna net zoveel van ze als van de bergen die dag en nacht over ons waakten.

's Avonds zaten we buiten achter ons huisje en keken zwijgend naar de bergen. Soms zaten we zij aan zij, maar meestal nestelde ik me tussen haar knieën en hield ze me losjes vast, heen en weer wiegend terwijl we naar de bergen staarden. In haar zachte armen leerde ik mediteren zonder dat het me met woorden werd uitgelegd.

Ik was een tamelijk stil, introspectief kind. Omma leerde me zoveel mogelijk, van tuinieren en koken, tot muziek maken en verhalen vertellen. Als het tijd was om rijst te koken, mat ze die af in haar hand en liet die mij daarna in mijn eigen hand afmeten. Wanneer ze wilde controleren of de rijst gaar was, proefde ze een korrel en liet mij er daarna ook een eten. Wanneer ze de kimchi proefde om te kijken of die juist gekruid was, keek ze toe terwijl ik een hapje nam, kauwde en ernstig knikte als ik dacht dat er genoeg rode pepers in zaten.

We hadden een kleine tuin waar we radijs, bosuitjes, aardappelen, kool en komkommers verbouwden.

Ons kleine huis had uit leem opgetrokken muren, een strodak en een keurig geveegde, aarden vloer. In de hoeken zaten sterke houten balken. We hadden één kamer: een boerenhuisje dat de elementen kon weerstaan en waarin niets overbodig was. En als 's avonds de rijst en de kimchi waren gegeten en de kommen omgewassen, knielden we neer voor het houten altaar en zongen we voor de Boeddha van Barmhartigheid en Mededogen.

De kleine houten boeddha was een van de weinige dingen die Omma mee terug had genomen uit Seoel en hij was haar zeer dierbaar. Voordat ze begon te zingen trof Omma een paar eenvoudige voorbereidingen: ze trok haar schoenen uit en waste haar gezicht en handen.

Ik keek naar Omma terwijl ze zong en dacht dat niemand mooier kon zijn dan zij. Haar satijnzachte haar was bevrijd uit de sjaal die ze op de velden droeg, en hing prachtig op haar rug. Ik hield van Omma's haar. Ik liet mijn handen er vaak doorheen glijden en wond het dan om mijn vinger en speelde ermee. Soms ging ik achter haar staan terwijl ze geknield voor het altaar zat, kroop dan stilletjes met mijn hoofd onder het gordijn van zwarte haren en drukte me tegen haar rug waarbij ik haar haren over mijn eigen schouders en rug voelde vallen.

Omma ging nooit tegen me tekeer omdat ik haar meditatie onderbrak, maar ze kwam ook niet van haar plek voor het altaar. Ze bleef doorzingen of zwijgend doormediteren, soms glimlachend naar me en goedig haar hoofd schuddend, met rechte rug geknield en haar kleine voeten nog net zichtbaar onder de zoom van haar hanbok uit.

Omma droeg haar haren zelden los: meestal draaide ze het in een wrong en stak het boven op haar hoofd vast, op de plaats gehouden door een behendige slag en een glanzende houtspaander. Haar bewegingen waren sober en bevallig en pijnlijk mooi. Ik zat op het bed en keek naar haar terwijl ze haar armen optilde om haar haren op te steken, waarbij de mouwen van haar hanbok van haar fragiele polsen naar beneden gleden. Vervolgens ontsnapte een enkele streng haar en daarna begon de hele boel te schuiven, en dan stak ze het weer op, keer op keer.

's Avonds zong Omma, als ze niet te moe was, 'Arirang' en de andere volksliederen waarvan ik hield, en dansten we samen. Ze

leerde me dat een echte muzikante zich eerder verlaat op *hung* – haar innerlijke inspiratie – dan op een voorgeschreven formule, en dus stond ik in een hoek van de kamer en concentreerde me, ogen stijf dichtgeknepen. Als ik voelde dat de hung zich in mijn kleine lichaam begon te roeren, verdwenen de kale kamer en de aarden vloer. Dan pakten we in onze fantasie onze zware satijnen rokken op en wervelden over de oneindige, marmeren vloer in de Hwagwan-mu, de Bloemenkroondans, waarbij onze kroontjes perfect in balans op onze keurig verzorgde, geparfumeerde hoofden bleven staan. Overal om ons heen vibreerde de muziek en de lucht geurde zoet van de 's nachts bloeiende jasmijn. En ten slotte buitelden we, ademloos, over elkaar heen op het bed met wapperende haren en in onze versleten, katoenen hanboks, weer terug in de kamer met zijn aarden vloer en kale muren, de lucht om ons heen een en al stof.
Met haar bevallige, hoge gekweel zong Omma:

Arirang, Arirang, O Arirang,
De pas van Arirang is lang en steil,
Maar je zult naar de heuveltop klimmen,
Waar de zon altijd zal schijnen.

Arirang, Arirang, O Arirang.
De tijd waarin wij leven is heel hard,
Moge vrede en voorspoed komen
Voor deze eindeloos lange rivieren en bergen.

Omma kookte slechts een paar gerechten, maar ze waren heerlijk. Haar kimchi was een kunstwerk. Ze zette kool een nacht te weken in zout water en spoelde het de volgende dag drie keer af. In zware, keramische potten legde ze om en om kool en in plakken gesneden sjalotten, radijs, knoflook en gember. Daaroverheen schonk ze water met zout en een handjevol hete rode pepers. Om de lucht eruit te krijgen, prikte ze her en der met eetstokjes in het mengsel, waarna ze de potten afdekte en er een

lading stenen op legde. We begroeven ze in de achtertuin totdat de groentes waren gefermenteerd en klaar om te eten. Het resultaat was verrukkelijk.
Ik herinner me niet dat ik ooit met Omma vlees heb gegeten; en ik weet niet of dat was omdat we te arm waren om het rundvlees te kopen dat Koreanen zo lekker vinden of omdat ze zelf verkozen had vegetarisch te eten.
Naast kimchi en rijst maakte Omma soms een kruidige komkommersalade met de onontbeerlijke chilipepertjes, azijn, knoflook en bosuitjes, en een soep met dunne mie en bosuitjes... of met elke andere groente die op dat moment voorhanden was: wellicht paddestoelen of wortelen of groene paprika's.
In ons huis stonden drie meubelstukken.
Het houten altaar, dat we iedere dag poetsten, bood plaats aan een boeddhabeeldje en een foto zonder lijstje gesteund door een steen. Op de foto stond een jonge, glimlachende man in uniform. Ik had nog nooit iemand in zulke kleren gezien of iemand wiens haar en ogen zo licht waren. We spraken nooit over die foto, maar soms werd ik 's avonds laat wakker en zag Omma dan geknield voor het altaar zitten, zachtjes heen en weer wiegend, met haar handen tot een kom gevormd waarin de foto lag.
Tegenover het altaar, aan de andere kant van de kamer, stond ons bed. Ik lag tussen haar lichaam en de muur in, zodat ze me zo goed mogelijk kon beschermen tegen de koude nachtlucht. 's Nachts sliepen we dicht tegen elkaar aangekropen, behaaglijk in de precaire warmte van onze kleine cocon terwijl buiten de koude wind gierde.
Naast het bed deelde ik met Omma een grote bamboemand waarin we onze schatten bewaarden: een speciale hanbok die ze voor mijn geboorte in Seoel had gekocht; een minuscuul lapje zijde met rode, witte en blauwe patroontjes die ze 'the stars and stripes' noemde, en mijn dierbare kartonnen dorp met zijn houten poppetjes.
Omma had met een paar oude dozen en een paar stukjes hout een hele wereld voor me gecreëerd. De stukjes hout bewerkte ze

met een mes, poetste ze op en kleedde ze aan met kleine stukjes stof. De twee hoofdfiguren waren een moeder en een dochter, maar er waren ook vrienden en buren, allemaal met een onveranderlijk vrolijke glimlach op hun gezicht geschilderd en met kleurige hanboks en broeken gemaakt van restjes katoen. De kartonnen gebouwen waren allemaal verschillend: een paleis met grote ramen, knusse huisjes en een boeddhistische tempel. In ons kleine speelgoeddorp was niemand droevig of eenzaam. Iedere dag kregen onze moeder en dochter bezoek en het hele dorp kwam samen in hun huis om te eten en te dansen.

Achter ons huisje had Omma voor het speelgoeddorp bergen gemaakt: ze zette hopen aarde vol kleine takjes – daarmee een met pijnbomen bedekte helling creërend – en kleine bloemblaadjes vertegenwoordigden velden vol wilde bloemen. Soms ging de houten moeder met haar kind een reis over de bergen maken en iedere keer kwam het hele dorp in hun huis bijeen voor een afscheidsfeest. Er werd weer een feest gehouden als de twee terugkeerden, en onze kleine schepsels vermaakten hun vrienden en buren met wonderbaarlijke verhalen over de betoverende landen voorbij de bergen.

In die kleine kartonnen wereld was ik de koningin. Alles was mogelijk. De houten dorpelingen voerden *Ch'uinbyang-ga* op waarin een meisje van het platteland de prins van haar dromen in Seoel vindt; en ze dansten in de achtertuin de *Salp'uri*, waarmee ze hun geesten bevrijden van zorgen en angsten.

Van Omma leerde ik volksverhalen die ze, dat weet ik zeker, van haar ouders had gehoord en die van generatie op generatie waren overgeleverd. In tegenstelling tot westerse volksverhalen zat er nooit een moraal in het verhaal; althans niet in degene die Omma me vertelde. De enige betekenis die het verhaal had, was de betekenis die je er zelf aan wilde geven.

Mijn favoriete verhaal was dat van de goede broers:

Er leefden ooit twee broers die ontzettend veel van elkaar hielden. Ze zorgden voor elkaar en deelden alles altijd eerlijk.

Na de oogst stopten ze hun rijst in zakken en de oudste broer dacht: mijn jongere broer is net getrouwd, dus heeft hij een hoop zorgen. Ik ga een extra zak rijst in zijn voorraadkamer zetten zonder het hem te vertellen, omdat hij hem anders waarschijnlijk niet zal accepteren en ik weet zeker dat hij hem meer nodig heeft dan ik.
Die nacht liep hij op zijn tenen de voorraadkamer van zijn broer binnen en zette de zak neer.
Maar de volgende dag vond Oudere Broer in zijn eigen huis hetzelfde aantal zakken rijst als hij eerder had gehad. Hij begreep er niets van, maar besloot om de zak rijst gewoon weer terug in het huis van zijn broer te zetten. Hij deed dat en de volgende morgen was hij stomverbaasd toen hij weer hetzelfde aantal zakken als voorheen in zijn huis zag staan.
Nu stond hij helemaal perplex, maar hij besloot om het nog één keer te proberen. Het was volle maan en toen hij over het pad liep, zag hij iemand op hem af lopen die iets op zijn rug droeg. Het was Jongere Broer die een zak rijst droeg. Ze zagen elkaar en begonnen te lachen omdat ze eindelijk begrepen waarom het aantal zakken hetzelfde bleef. Jongere Broer had een extra zak naar Oudere Broer gebracht omdat hij zoveel van hem hield.

We waren arm, maar beseft heb ik het nooit. Omma's fantasie schiep paleizen om in te dansen en verschillende gewaden van zijde en brokaat die we iedere avond konden dragen. We hadden weinig te eten, maar ik ben me er niet van bewust geweest dat ik honger had. Met Omma was een kom rijst een banket. We waren gedwongen in afzondering te leven, maar ik voelde me niet alleen. In Omma vond ik een moeder, een verhalenverteller, een speelkameraad, een vertrouweling en een beschermer.
Op ochtenden dat we niet werkten, gingen we soms naar de markt om thee en kruiden en groenten te kopen. Iedereen was op zulke ochtenden op de been om boodschappen te doen, met vrienden te roddelen of de was te doen. Niemand uit het dorp zelf sprak tegen ons, maar met de beminnelijke beleefdheid die haar nooit in de steek liet, bleef Omma buigen – en leerde me het-

zelfde te doen – wanneer we iemand tegenkwamen. Soms kwamen we op het smalle, onverharde pad oog in oog te staan met leden van Omma's familie. Zonder te spreken of oogcontact te maken, liepen ze door terwijl wij van het pad af stapten om ruimte voor hen te maken. En altijd boog mijn moeder diep, haar lichaam getuigend van liefde en verdriet. Als ze het al opmerkten, gaven ze dat nooit te kennen. Niettemin wachtte Omma tot ze uit het zicht waren voordat ze weer rechtop ging staan en mijn hand pakte.

Zonder ook maar één oordeel over hun gedrag te geven, had Omma me verteld wie iedereen in het dorp was. Ik kende mijn verwantschap met iedereen die we op de velden en op het pad zagen, en het feit dat mijn *haraboji* – grootvader – en mijn andere bloedverwanten geen acht op me sloegen, raakte me nauwelijks. 's Avonds, wanneer de anderen samen zaten te roddelen en thee te drinken na een dag werken in de rijstsawa's, bleven wij aan de periferie van het dorp, zittend bij ons kleine huisje en onze eigen spelletjes spelend. Omma vertelde verhalen over een schitterende wereld voorbij de bergen waar altijd genoeg voedsel was, waar het de hele winter warm was en er niets was om bang voor te zijn. 'Op een dag zul je dit dorp verlaten,' vertelde Omma me. 'Op een dag zul je een heuse dame zijn en zal iedereen met je praten en naar je glimlachen.'

'En jij bent dan bij me, Omma,' zei ik terwijl ik enthousiast naar dat mooie, geliefde gezicht keek. Ze zei niets, maar nam mij in haar armen en hield me stevig vast, zachtjes met haar oogharen mijn stoffige gezicht strelend.

Vier

Ik herinner me weinig van de nacht na Omma's dood. Pas vele uren later moet het bewuste denken weer de overhand hebben gekregen, en drong het tot me door dat ik ineengedoken in een hoek van ons huisje zat, jammerend. Mijn billen en vulva deden vreselijk zeer door de brandwonden. Omma's lichaam was verdwenen. Mijn verwanten waren druk bezig onze weinige bezittingen bijeen te garen en geen van drieën zei iets tegen me of keek zelfs in mijn richting. Ik was intens verbijsterd over alles wat er gebeurd was, maar wist dondersgoed dat ik me zo stil mogelijk moest houden.

Niet lang daarna verlieten mijn grootvader en mijn oom met de mand en een paar bundels spullen het huis. Mijn tante zette me in een kar die ze achter zich aan trok toen we over de onverharde weg vertrokken. Het hotsen en botsen van de wagen deed ontzettend zeer, maar ik dommelde zo nu en dan weg totdat we bij een weeshuis in de buitenwijken van Seoel aankwamen.

'Ze heeft geen naam,' zei mijn tante tegen een functionaris van het weeshuis. 'Ik weet niet wanneer ze is geboren of hoe oud ze is. Ze is niemand. Ze is door haar moeder, die zelfmoord heeft gepleegd, ergens achtergelaten om te sterven, en wij hebben haar gevonden.' In het weeshuis kreeg ik wat eerstehulp en schone repen stof om het verbrande vlees te verbinden, maar niemand zei iets over mijn wonden.

Het was het oude vertrouwde verhaal in die samenleving na de Koreaanse Oorlog: een meisje maakt haar familie te schande door een onwettig kind van een Amerikaanse soldaat ter wereld te brengen, en na een paar jaar kan ze, omdat ze een paria is, het eerverlies en het isolement niet meer verdragen en pleegt ze zelfmoord. Kinderen van gemengd bloed werden vaak mishandeld door mensen die hen haatten vanwege het bezoedelde erfgoed. Velen werden door hun moeder in de steek gelaten en kwamen of terecht in een leven van slavernij of leefden op straat, bedelend en eten stelend. De mensen van het weeshuis hadden het allemaal al een keer meegemaakt, en noch mijn lichamelijke toestand noch het verhaal dat mijn tante vertelde, was nieuw voor hen.

Geen naam hebben was maar één facet van mijn schande. Namen zijn zo belangrijk in de Koreaanse cultuur dat families vaak waarzeggers raadplegen voordat ze een kind een naam geven. De naam van een kind kan zijn toekomst bepalen, omdat die voor- of tegenspoed met zich meebrengt. Afstamming in de mannelijke lijn is de basis van de Koreaanse familie en het familieregister bevat de namen van voorouders van vaderszijde tot meer dan vijfhonderd jaar terug.

Een onbekende geboortedatum maakte de schande nog een graad erger. Het geluk van een Koreaan hangt voor een groot deel af van *saju*: het jaar, de maand, de dag en de tijd van de geboorte. Een gunstige combinatie van die vier kan een gezegend leven betekenen.

In de ogen van een Koreaan kon je beter dood zijn dan de verpersoonlijking van de schande zoals ik: een honhyol, een vrouw, zonder naam, zonder geboortedatum.

Mijn moeder heeft mij, in mijn herinnering, alleen Sooni genoemd, haar koosnaam voor mij. Het is afgeleid van het Koreaanse woord voor 'meisje' en is een benaming voor een innig geliefd, klein kind. Ik heb dat niet aan de mensen in het weeshuis verteld, noch vertelde ik hen wat er echt de avond daarvoor was gebeurd. Ik bleef zwijgen, te diep wanhopig en te gedresseerd in gehoorzaamheid om te spreken.

Tijdens de lange reis van mijn huis naar het weeshuis had mijn tante geen woord tegen me gezegd. Ze had het de avond ervoor tegenover haar man voor mij opgenomen om mijn leven te redden, maar ik weet niet waarom ze hadden besloten om me te laten gaan en naar een weeshuis te brengen. En als de dorpelingen twijfelden aan het verhaal dat mijn familie hun vertelde – dat een jonge vrouw, die uiteindelijk overweldigd was door de omvang van haar zonden, zichzelf had opgehangen en haar dochter had achtergelaten om ook te sterven – dan nog hebben ze er niets aan gedaan.

Het leven van een vrouw was hoe dan ook van weinig waarde, dus haar uit de weg ruimen ten bate van het aanzienlijk grotere voordeel van het uitwissen van de schande die op een familie rustte, was al heel lang algemeen gebruikelijk. Zulke sterfgevallen werden niet als gewone moorden aangemerkt, het waren 'eremoorden', en werden daarom door de traditie gerechtvaardigd.

Het weeshuis werd door christelijke zendelingen geleid, dus deed ik daar mijn eerste ervaringen met een westerse religie op. De kinderen werden in kribben met latten ervoor gestopt, de een boven de ander, vier op elkaar. De kribben leken erg veel op kooien voor dieren in een asiel: vier op elkaar en langs drie muren van een grote, kale ruimte. Totaal stonden er zeker twintig van dergelijke kribben. Er zaten aan de buitenkant veersloten op waardoor men een van de vier rechthoeken van latten kon laten zakken, maar ze konden niet van binnenuit worden opengemaakt.

Ik was gewend aan een aanzienlijke mate van bewegingsvrijheid: dagen buiten werkend in de rijstsawa's of spelend in de velden achter ons huis. De enige keer dat ik tot een kleine ruimte was veroordeeld, was toen ik toekeek vanuit de bamboemand terwijl mijn moeder werd vermoord. De kribbe was angstaanjagend; niet alleen omdat die te klein voor me was om me voldoende in te kunnen bewegen, maar vooral omdat ik er niet in en uit kon wanneer ik dat wilde. Iemand anders had zeggenschap over mijn be-

wegingen: een inbreuk op de menselijke ziel die ik nooit eerder had ervaren.
De muren van de ruimte waren wit en hier en daar hingen plaatjes van Jezus. Alle oppervlaktes waren afwasbaar, de linoleumvloer was kaal. Ik zat ineengedoken in mijn kooi – een kleuter die te groot was voor de voor een baby bestemde ruimte – in een waas van opperste verwarring en ellende. Wanneer de angst me beving, sloeg ik met mijn hoofd tegen de latten en schreeuwde en rukte aan mijn haar totdat iemand langskwam die tegen me zei dat ik stil moest zijn. Behalve zo nu en dan door toeval, kan ik me niet herinneren ooit in het weeshuis te zijn aangeraakt.
Recht tegenover mijn kooi was de deur. Ik zat, uur na uur, met mijn ogen strak gevestigd op de spleet rondom drie zijden van de deur waardoor ik licht kon zien. Soms werd het licht even wat getemperd en dan wist ik dat iemand op het punt stond de deur te openen en binnen te komen. Ik hield mijn adem in, wachtend tot de deur naar binnen zou openzwaaien en een menselijk wezen recht tegenover me zou staan. Ik wachtte wanhopig totdat ik een gezicht, van wie dan ook, te zien kreeg.
Naast de deur stond een cilinderbureau, de bovenkant vol krassen en dof. Er lagen pakken papieren in. Ik werd gefascineerd door dat bureau maar was er tegelijkertijd doodsbenauwd voor. Zo nu en dan ging er een vrouw aan zitten, haalde er een pak papier uit, ordende dat opnieuw en schreef er hier en daar met een pen wat in. Bijna onmiddellijk daarna verdween een van de kinderen dan meestal. Ik wist toen niet dat de pakken adoptiepapieren waren, maar ik wist dat ze op de een of andere manier in verband stonden met de kinderen die daar waren. Ik vroeg me af of dat bureau ook iets over mij bevatte en of er op mijn pak papier op een dag ook iets geschreven zou worden en ik zou verdwijnen.
Jarenlang, tot ver in mijn volwassen leven, heb ik telkens terugkerende nachtmerries over dat bureau gehad. Ik loop er dan langs, blootsvoets over een koude, harde vloer. Ik hoor een geluid als van wind die door een tunnel raast en voel een kracht als

van een magneet me erin zuigen. Ik word onder de bekraste, ronde klep getrokken, hulpeloos, en in een van de vakjes gezogen waarin de papieren zijn opgeborgen. Uiteindelijk bevind ik me in een kamer met een aarden vloer, vastgebonden op een tafel waaromheen mensen staan die met hete ijzers mijn lichaam brandmerken met afschuwelijke scheldnamen.

In het weeshuis keek ik naar de mensen die langsliepen en liet een doorlopende fantasie in mijn hoofd de vrije loop: ik deed alsof ik mijn armen door de latten helemaal naar buiten kon steken, die mensen vastgrijpen en naar me toetrekken, en ervoor zorgen dat ze de kooi openden en tegen me spraken en me aankeken.

Terwijl ik in de kooi zat, nagels diep in mijn huid geperst, probeerde ik mijn verdriet te verdrijven door de lichamelijke pijn te verergeren. En vlak onder het bewustzijn van die ellende, ritmisch ademhalend als een monster dat wachtte om me te verslinden, lag de wetenschap dat Omma vanwege mij was gestorven. Mijn gezicht en mijn eerloze bloed hadden de enige op de wereld vermoord van wie ik hield en de enige die van mij hield.

Het weeshuis zat overvol en er was een groot gebrek aan personeel: troost was bij niemand te krijgen. Iedereen was een eilandje op zichzelf, een eilandje van eigen persoonlijk leed. Ieder kind kreeg één deken en die hoorde je schoon te houden en moest je voldoende warmte bieden. Iedereen had het koud. Alle dekens waren smerig. De matras in mijn kribbe was oud en van gebarsten plastic dat knerpende geluiden maakte als ik me bewoog. Het was bedekt met een katoenen laken dat een patroon van vervaagde oranje bloemen had. De kribbe was te klein voor me om languit in te kunnen liggen, dus rolde ik me op in foetale houding of zat ineengedoken in een hoek.

Het leed droop in het weeshuis van de muren af en het ene levensverhaal was nog akeliger dan het andere. Er was een klein meisje van een jaar of twee die vastgebonden was gevonden door een paar mensen die een vuilnisbak op etensresten doorzochten. Ze was verschrikkelijk vermagerd en huilde onophoudelijk.

Er was een pasgeboren jongetje, bij wie de navelstreng nog intact was, op de veranda aan de voorkant van het huis achtergelaten. Omdat de kribben allemaal vol zaten, werd hem wat elementaire medische hulp gegeven en legden ze hem daarna in de kribbe bij mij. Ze zeiden dat ik op hem moest letten. Ik was doodsbang dat hem iets zou overkomen. Ze hadden hem in een deken gewikkeld, maar ik was bang dat die niet genoeg zou zijn om een baby warm te houden, dus legde ik de mijne ook over hem heen. Toen ging ik maar zitten, met mijn rug tegen de latten geperst, mijn armen om mijn knieën geslagen, en hield hem de hele nacht in de gaten. Ik was zo bang dat ik hem pijn zou doen als ik me bewoog of in slaap viel. Hij had mijn hart gestolen en ik voelde me enorm verantwoordelijk voor dit bundeltje leven.
De volgende morgen besefte ik dat ik ondanks mijn goede bedoelingen 's nachts in slaap was gevallen. Ik tilde de deken op en raakte het gezichtje van de baby aan. Het was blauw en koud. Ik sloeg de deken open en raakte zijn armen, zijn voeten, zijn opgezwollen, met bloedkorsten bedekte buikje aan. Al voordat de volwassenen langskwamen om te kijken hoe het met hem was, wist ik dat hij dood was.
Ik bleef maar huilen om dat baby'tje. Ik wist niet waar hij vandaan was gekomen, maar ik beschouwde hem als mijn eigen kind. Hij was ongewenst geweest en had geen naam, net als ik. Hij was volkomen hulpeloos en aan de genade van anderen overgeleverd geweest, net als ik. Ik had het gevoel dat als ik zijn leven had kunnen redden, ik op de een of andere manier had goedgemaakt dat ik niet in staat was geweest om het leven van mijn moeder te redden. En toen hij dood was, wist ik zeker dat dat kwam omdat ik iets wel of niet had gedaan. Misschien had hij het te warm gekregen omdat ik die extra deken op hem had gelegd. Misschien was hij te koud geworden toen ik 's morgens de deken had opgetild om naar hem te kijken.

Behalve gehuil – dat je zowat de hele tijd wel uit een of meerdere kribben hoorde komen – was het tamelijk stil in het weeshuis.

Mensen praatten niet met elkaar; er was geen muziek.
Er waren een paar kinderen van mijn leeftijd in het weeshuis, de rest was bijna allemaal jonger en de meesten waren baby's. We hadden allemaal fysieke eigenschappen die ons stigmatiseerden: krullerig of blond haar, hazelnootbruine irissen of ronde ogen. We waren allemaal een honhyol, maar daaruit putten we geen troost. Ondanks het feit dat we zo dicht op elkaar leefden, leerden we elkaar nooit goed kennen. Ik speelde niet met de andere kinderen en sprak ook niet veel met ze. We zaten allemaal opgesloten in ons eigen, kleine, miserabele wereldje en waren ons vaag bewust van onze onderlinge rivaliteit. Zonder echt te weten wat het doel van het weeshuis was of wat adoptie was, wist ik dat ik met de anderen wedijverde om de goedkeuring van om het even welke volwassene die op bezoek kwam. Ik wist dat zulke mensen soms een kind zo leuk vonden dat ze het meenamen.
Nu en dan liepen er mensen door de ruimte die de wezen onder de loep namen: of toekomstige ouders of tussenpersonen die een kind lieten aantreden opdat iemand anders hem of haar kon adopteren. Die bezoeken waren een kwelling. Ik hield mijn adem in om daarmee af te dwingen dat de bezoekers bij mijn kooi stopten en het hek openden. Ik probeerde er vriendelijk en gedwee uit te zien. Maar de mensen liepen meestal langs op zoek naar een jonger kind. Om de paar dagen kwamen er bezoekers. Als je een kinderloos echtpaar was en er niets op tegen had om een Aziatische zoon of dochter te hebben, was Korea in die tijd vruchtbare grond. Er waren zoveel verwaarloosde kinderen, de producten van kortstondige liaisons tussen soldaten op weg door en vrouwen op weg naar de hel.
De enige foto van mij die in het weeshuis is genomen, laat een meisje met een somber gezicht en nat haar zien, de huid opgezwollen en gevlekt door het huilen. Mijn adoptiefmoeder vertelde me later dat ik eruitzag als een verzopen rat. De vrouw die op dat moment de leiding had, had tegen me gezegd dat ik moest glimlachen; anders zou niemand me ooit adopteren. Niemand wilde een chagrijnig meisje.

Er was één stel dat verschillende keren binnenkwam en hun aandacht verdeelde tussen mij en een ander, jonger meisje. Zij was een jaar of twee en schattig en vriendelijk. Uiteindelijk kwam het stel op een dag binnen en nam het kleine meisje mee en liet mij achter. De vrouw die de leiding van het weeshuis had, vertelde me dat ze haar hadden gekozen omdat zij jong was en ik te oud; zij was mooi, en ik was lelijk.

De overtuiging dat ik te oud en te lelijk was, is me mijn hele leven bijgebleven. Ik wist zeker dat een jongen of man met wie ik een afspraakje had, me binnen de kortste keren zou laten vallen voor iemand die jonger was, iemand die aantrekkelijker was. Ik voelde me inferieur aan iedere jongere vrouw. Het deed er niet toe dat ik intelligenter, geestiger of wat dan ook was. Louter het feit dat ze jonger was, vervulde haar van een macht die ik niet bezat. Ironisch genoeg werden, toen ik de dertig was gepasseerd, de mannen die zich tot mij aangetrokken voelden jonger. De meeste van mijn vrienden zijn doorgaans tien tot twintig jaar jonger geweest, en ze leken er nooit bij stil te staan. Maar ik was altijd bang dat ze alleen maar vriendelijk waren voor de oudere vrouw in de groep. Hoe oud ik ook was, ik heb me altijd té oud gevoeld.

Iedere dag in het weeshuis was de gang van zaken zo goed als hetzelfde. We werden 's morgens vroeg gewekt en dan werden onze dekens meegenomen om uitgeschud en gelucht te worden. Het beste moment van de dag voor mij was als 's morgens het hek van de kooi openging. Ik klom eruit en ging naar de gemeenschappelijke badkamer, waar wij kinderen elkaar verdrongen om als eerste in de rij voor de paar wc's te kunnen staan. Daarna moesten we allemaal snel onze gezichten en handen wassen in bakken met koud water.

Het weeshuis bestond uit één grote ruimte waarin de kooien stonden. Als het etenstijd was werden er tafels en stoelen binnengebracht en midden in de zaal gezet. We zaten allemaal bij iedere maaltijd op dezelfde plaats. Iedereen kreeg een kom rijst, soms met wat groente erdoorheen.

Ik kreeg in het weeshuis meer te eten dan ik bij Omma had gehad, maar het stilde de honger lang zo goed niet. De maaltijden waren niet langer de verfijnde rituelen waarbij mijn moeder de beste stukjes voor me uitkoos en we elkaar aankeken terwijl we onze rijst en kimchi deelden. Mijn thee werd me niet meer met een glimlach en een buiging aangereikt. In het weeshuis duurde het eten van een kom rijst een paar seconden, omdat iedereen zo snel mogelijk probeerde te eten.
Na het ontbijt bleven we aan tafel zitten, en nadat ze de borden hadden opgeruimd, leerden de zendelingen ons een paar christelijke liederen zoals 'Jesus loves me', en vertelden ons wat verhalen uit de bijbel. De liederen en verhalen werden gebracht in een vreemde mengeling van Engels en Koreaans, omdat de mensen die in het weeshuis werkten Amerikaanse zendelingen waren die slechts de beginselen van mijn taal hadden geleerd. Maar omdat alles draaide om de adoptie van de kinderen – en kennis van het Engels ons aantrekkelijker zou maken – leerden ze ons Engelse woorden terwijl we geen idee hadden wat ze betekenden. Dus zong ik 'Jeeza raub me, dees ahno' (*Jesus loves me. This I know...*), terwijl ik geen flauw benul had wat ik zong.
Daarna mochten we, afhankelijk van het weer, soms een poosje naar buiten. Er was geen speelplaats, maar er waren wat dingen om mee te spelen die her en der op het aanzienlijke terrein stonden verspreid. Op de dagen dat we naar buiten gingen, bleef ik zo ver mogelijk van het gebouw vandaan, zo dicht mogelijk bij de bergen. Ik zat op de grond en speelde met stokjes, en keek om de paar seconden op naar de blauwgrijze bergen in de verte.
Het zicht op de bergen was het enige waaruit ik daar troost kon putten. Wanneer ik de paniek en het verdriet in me voelde opwellen, keek ik op naar de bergen en voelde de druk onder mijn borstbeen enigszins afnemen. Op de dagen dat we binnenbleven, zat ik zo dicht mogelijk bij het raam – iedereen wilde graag bij het raam zitten – omdat daarvandaan een streepje berg te zien was.
De zendelingen moedigden ons zelden aan om iets te doen; er

werden geen spelletjes of knutseluurtjes georganiseerd. Behalve het religieuze onderwijs werden de kinderen doorgaans aan hun lot overgelaten of opgesloten in hun kribben om niet in de weg te lopen.

De meeste tijd dacht ik aan Omma. Ik praatte niet veel met de andere kinderen in het weeshuis, maar ik hield in gedachte een voortdurende dialoog met mijn moeder. Ik verzon het soort verhalen dat zij verzon: verhalen waarin we over de bergen reisden en prachtige werelden ontdekten. 's Middags kregen we een versnapering – meestal crackers of iets anders waarvoor geen borden nodig waren – en werden daarna in onze kooien gestopt om een dutje te doen totdat het tijd was voor het avondeten... en dan kregen we weer rijst met groentes waaraan meestal kimchi was toegevoegd.

's Avonds voor het slapen gaan kregen we weer een verhaal uit de bijbel te horen en luisterden we naar een gebed. Ik vond het verhaal van de geboorte van Jezus leuk omdat het me deed denken aan het verhaal dat Omma me had verteld over wat er aan het begin van de wereld was gebeurd: Hwanung, zoon van de goddelijke schepper, daalde uit de hemel neer en was bezig zijn rijk te inspecteren toen hij het gebed van een beer hoorde die een mens wilde worden.

Dus gaf Hwanung de beer knoflook en bijvoet en de beer werd daarna de eerste menselijke vrouw. Die vrouw bad toen om een zoon en werd zwanger – zonder de hulp van een man – en baarde Tan'gun, de stichter van Korea. Omdat Jezus en Tan'gun allebei geen vader hadden en allebei almachtig waren, vroeg ik me af of er tussen hen misschien een verband bestond, maar de zendelingen vertelden me dat dat onmogelijk was: Jezus was de ware Zoon van God en Tan'gun alleen maar een denkbeeldige figuur. De een was een bijbelse waarheid; de ander kwam voort uit heidense onwetendheid.

Alle kinderen in het weeshuis zouden tot christenen gedoopt worden, of ze dat nu wilden of niet. Het maakte me om de een of andere reden helemaal niets uit. Ik was bereid alles te doen wat noodzakelijk was om de vrede te bewaren, om maar enige mate van vriendelijkheid te ontvangen en me geaccepteerd te voelen. Als Jezus me zou helpen om me uit het weeshuis weg te halen, dan wilde ik wel in hem geloven.

En na verloop van tijd ontdekte ik dat het idee van het bestaan van Jezus heel vertroostend werkte. Ten eerste omdat hij me zo vriendelijk leek. De afbeeldingen van hem die aan de muren van het weeshuis hingen waren heel mooi: teder een lammetje vasthoudend, het witte gewaad smetteloos en glanzend, terwijl hij me vanaf het schilderij recht in de ogen keek. Toen ik ouder werd, nam ik de gewoonte aan om zijn naam te fluisteren als ik uit de afschuwelijke nachtmerries ontwaakte die ik iedere nacht had. Ik stelde me voor dat hij me net als het lammetje op het schilderij in zijn armen optilde en me beschermde tegen alle akelige dingen die konden gebeuren. Ik zei het 's nachts telkens en telkens weer, als een toverformule tegen het kwaad, de verdorvenheden en het verdriet: 'Jezus, Jezus. Jezus.'

Een van de dingen die in het weeshuis een kwelling voor me waren – nee, sterker nog, dat is mijn hele leven zo geweest – was dat ik absoluut helemaal niets van mijn moeder bezat. Van Omma's schoonzuster had ik niets mee mogen nemen uit ons huisje, en dus dacht ik vol verlangen aan mijn prachtige houten poppetjes en het kartonnen dorp dat Omma had gemaakt, de kleine houten boeddha en Omma's mooie hanbok, en zelfs aan de foto van de Amerikaanse man.

Ik snakte naar iets dat ze had aangeraakt, iets dat ze gekoesterd had. En daar ik, toen ik in het weeshuis arriveerde, met een desinfecterend middel was gewassen, kon ik zelfs niet meer haar geur op mijn huid ruiken.

Mijn leed kende geen grenzen, maar ik richtte mijn woede maar op één persoon: op mezelf. Er waren twee dingen waarvan ik overtuigd was: mijn leven was een afschuwelijke vergissing en ik verdiende niets anders dan lijden. Mijn haat tegenover mezelf, ontstaan bij de dood van mijn moeder en in het weeshuis aan-

gewakkerd, is met de jaren sterker geworden.
En zo lag ik opgerold in foetale houding in mijn kribbe en begon een bijna levenslange gewoonte om mijn nagels in mijn huid te persen. Ik drukte ze in het vlees van mijn bovenarmen of benen of nek totdat er een felle pijn losbarstte en ik tegelijkertijd enigszins het gevoel kreeg van mijn schuld en leed verheven te worden. Dat was de enige manier die ik kende om de stoom uit de ketel van ondraaglijke pijn in mijn hart te laten ontsnappen.

In het weeshuis probeerde ik zoveel mogelijk wakker te blijven. Slaap was de vijand. In mijn kooi wachtte ik op redding en ik wist dat als ik in slaap viel en de redding kwam, die aan mij voorbij zou gaan.
Zo zat ik in mijn versleten, kastanjebruine, katoenen broek en hemd, benen tegen mijn lichaam opgetrokken en armen om mijn knieën geslagen, en staarde door de latten. Mijn lange, krullende haar, waarvan Omma zo had gehouden, was kortgeknipt door de grote, stille vrouw die iedere dag het eten aan ons uitdeelde en ons de schrijnende antiseptische wasbeurten gaf die iedere nog aanwezige parasiet zouden moeten uitroeien. Ik zat met mijn armen om mijn knieën geklemd en leed en wachtte. Telkens wanneer er iemand kwam om te kinderen te bekijken, glimlachte ik aan één stuk door. Ik was bang dat ik zou slapen als degene die me zou komen redden door de ruimte liep: als mijn ogen dicht waren, zouden ze me niet kunnen zien.
Maanden gingen voorbij voordat het mijn beurt was om het weeshuis te verlaten, maar het gebeurde niet zoals ik het me had voorgesteld. Mijn nieuwe ouders, een echtpaar dat zich op zendingswerk toelegde, hadden alles geregeld zonder me ooit gezien te hebben. Op een dag werd ik eenvoudigweg naar een kantoortje gebracht waar een lange, blanke man – een vertegenwoordiger van het adoptiebureau – stond te wachten, en een paar minuten later waren we vertrokken. De feitelijke dag van mijn ontslag was een anticlimax. Ik had zo lang gewacht en gewacht, vanuit mijn kooi kijkend naar de deur en proberend door wils-

kracht af te dwingen dat iemand binnenkwam en me weghaalde, dat toen het ten slotte gebeurde, het allemaal in een mum van tijd voorbij was. Ik had alleen maar een wezenloos gevoel.
Er bestonden geen papieren waaruit mijn leeftijd bleek, dus werd er door een functionaris van het weeshuis een geboortedatum gekozen: de maand en dag waarop ik in het weeshuis was ingeschreven. Iemand keek naar mijn gebit en schatte het jaar van mijn geboorte. Ik had geen persoonlijke bezittingen, geen familiepapieren, geen naam. Ik had helemaal geen eigen identiteit behalve degene die mijn nieuwe ouders me besloten te geven.

Het was lente in Korea en de wilde bloemen bloeiden in een bedwelmende overvloed. Het dal was weelderig en groen; op de geliefde purperen bergen in de verte waren de toppen nog bedekt met smeltende sneeuw. Het was de tijd van het jaar waarin Omma en ik zoveel mogelijk buiten zouden zijn geweest, spelend met ons fantasiedorp en iedere dag verse bloemen plukkend om naast Boeddha op ons altaartje te zetten.
Op de dag van mijn vertrek kreeg ik een katoenen jurk, met zomen van rode en witte ruitjes, en korte sokjes. Deze kleren, die net als mijn kastanjebruine broek en hemd afdankertjes waren die door Amerikaanse kerken waren opgestuurd, waren wezensvreemd voor me en ik voelde me er niet op mijn gemak in. De jurk was te groot. Ik had groene rubberen schoenen aan met minuscule rode bloemetjes erop geschilderd, en in mijn hand hield ik foto's van mijn nieuwe ouders. Ze hadden me een paar woorden geleerd, inclusief 'ma' en 'pa', en het enige dat ik wist, was dat deze woorden betrekking hadden op de vreemde mensen op de foto's.
De directrice van het weeshuis vertelde me dat ik ver weg ging, naar een prachtig land dat Amerika heette, en daar voor altijd bij een aardige familie zou gaan wonen. Ze vertelde me dat ik nooit mocht vergeten wat een geluk ik had gehad.
Ik had samen met Omma geleefd temidden van rijstsawa's en velden vol wilde azalea's en de talloze bergen van Korea rondom

ons. Ik had nog nooit een auto of een televisie gezien; als het donker werd gingen we slapen en als de zon opkwam begon er weer een nieuwe werkdag. Onze maaltijden bestonden uit een gedeelde kom rijst en de kimchi die we in keramische potten in de grond stopten. Het zou twintig jaar duren voordat ik weer kimchi zou proeven.

Ons vermaak, dat Omma bedacht, bestond uit onze dansen en verhalen en lange periodes stilte terwijl we samen naar de bergen keken. Ik had geen idee wat een vliegtuig was, maar nu zou ik er aan boord stappen en naar een onbekende plek vliegen waar niemand mijn taal sprak, waar rijst en kimchi en stil voor je uit zitten kijken onbekend waren.

Ik was er altijd van overtuigd geweest dat als ik over de bergen zou reizen naar de betoverende landen die Omma beschreef, ze bij me zou zijn. Zonder haar interesseerde het me niet zo wat me te wachten stond.

Vijf

De reis van Korea naar Amerika vormde een aangename afwisseling met het leven in het weeshuis. De man van het adoptiebureau begeleidde me en voor het eerst sinds de dood van mijn moeder was ik alleen met een volwassene die aandacht aan me besteedde en me verwende.

Eindelijk sprak iemand me rechtstreeks aan en doorbrak de stilte waarin ik had geleefd. Ik kreeg het gevoel dat ik niet langer onzichtbaar was. Hij had een basiswoordenschat van het Koreaans: woorden voor honger, dorst, wc. Ik kon zeggen '*mul*' en hij gaf me een glas water. Ik kon zeggen '*pyonso*' en hij bracht me naar het toilet.

Op de dag van mijn reis naar Amerika namen we een taxi naar het vliegveld en stapten aan boord van het vliegtuig. Ik was zo moe, zo verbijsterd en opgelucht dat ik uit het weeshuis weg was, dat ik niet bang was voor die enorme, metalen vogel of de vreemde mensen die overal rondliepen. Het had allemaal iets surrealistisch, als in een droom. Het was zo ongewoon dat het niet beangstigend was. Mijn nieuwe vriend glimlachte vaak naar me en droeg me het grootste deel van de tijd. Ik hield me aan de revers van zijn jas vast alsof hij mijn reddingslijn was. En al was het een vriendelijke en zorgzame man, hij zou toch de brug worden tussen het ene leven vol verwarring en eenzaamheid en het andere.

Toen we eenmaal in het vliegtuig stonden, probeerde de stewardess om me in de stoel naast hem te zetten, maar ik huilde en klampte me aan hem vast en toen zeiden ze iets tegen elkaar in het Engels. Zij glimlachte en hij glimlachte, en ik mocht op zijn schoot zitten totdat ik me moedig genoeg zou voelen om alleen in de stoel naast hem te gaan zitten. We kregen kleine maaltijden op een plateau, wat ik fascinerend vond. Hij gaf me zijn zakhorloge en een witte, linnen zakdoek om mee te spelen. Ik draaide het glazen dekseltje open en keek naar de kleine wijzertjes die rondtikten over de wijzerplaat, en wikkelde het klokje in de zakdoek. Dat vergulde zakhorloge hield me een paar uur zoet. Een deel van de tijd sliep hij en sliep ik ook; en hij las een tijdschrift en ik speelde met het horloge, en zo verstreken een paar uur in het voorgeborchte tussen ellende en ellende.
Onze vlucht werd in Hawaï enkele uren onderbroken en hij nam me mee naar een winkeltje bij het vliegveld. Daar kreeg ik, voor het eerst van mijn leven, iets dat spiksplinternieuw was, iets dat alleen voor mij was gekocht.
Hij kocht een kleine verzameling pluizige beestjes voor me: een moedertijger met haar drie welpen en een pinguïnmoeder met baby. Ze pasten stuk voor stuk in de palm van mijn hand. De tijgers waren goud met zwart en hadden witfluwelen kelen. Ze zaten aan elkaar vast met een zwart, zijden lint. De pinguïns waren zwart met wit en hadden rode vilten bekjes met een hemelse glimlach. De vleugels van de moeder en de baby zaten met de punten aan elkaar alsof ze elkaars hand vasthielden. Ze waren het verbazingwekkendste en mooiste dat ik ooit had gezien. De moeders en de kinderen konden niet van elkaar worden gescheiden tenzij ze uit elkaar werden gerukt, en ik was niet van plan dat ooit te doen. Ik stopte de kleinste van de tijgerwelpen in de ronding tussen de poten van de moedertijger, omdat ik wist dat genesteld zitten tegen Omma's borst het heerlijkste was dat op de wereld bestond.
Het was helder weer en warm in Hawaï en ik voelde iets dat op een vredig gevoel leek. Iemand anders dan mijn moeder behan-

delde me vriendelijk. Het deed er niet toe dat hij mijn taal nauwelijks sprak; hij was zachtaardig en hij glimlachte. Ik begon me weer veilig te voelen. Ik kende hem nog maar een dag of twee, maar hij was het enige vertrouwde in een toenemend niet vertrouwd landschap. Op de vlucht van Hawaï naar Los Angeles speelde ik met de beestjes. Ik was ermee opgehouden om me af te vragen wat het volgende zou zijn dat in mijn leven zou gebeuren; het was genoeg om alleen maar weg te zijn uit het weeshuis, uit de kooi, met iemand die ik mocht. Ik was benieuwd of ik bij die man kon blijven, en ik voelde me relatief tevreden.

Maar toen landden we in Los Angeles. We stapten uit het vliegtuig en hij liep met mij in zijn armen over de uitgestrekte, glimmende vloer van het vliegveld. Ik keek verbaasd en ongerust naar de mensen die gehaast om me heen liepen. Hun schoenen klepperden op de tegels, hun stemmen kolkten om me heen en ze spraken een verhaspelde taal die ik niet begreep. Later toen ik het bijbelse verhaal over de toren van Babel leerde, dacht ik terug aan het vliegveld en vroeg me af of het zo zou hebben geklonken.

Er liepen twee mensen op ons af: een man en een vrouw. Ze spraken hard en glimlachten en keken naar mij, en ik greep me nog steviger vast aan zijn jas en drukte mijn gezicht tegen het stijve, witte katoen van zijn hemd.

Ik was bang voor de vrouw, omdat ze twee dode dieren om haar schouders droeg. Ik zag een rode vos met een dikke staart en een mooie snoet die je levenloos over haar boezem aangaapte, en ik zag een tweede vos waarvan de staart in de bek van de eerste gestopt zat. Vooral de ogen van de vossen, die wijd open stonden en je aanstaarden, vond ik afschrikwekkend. Later kwam ik erachter dat ze van glas waren. De vrouw droeg hoge hakken die tikten op de vloer van het vliegveld, en haar lichtbruine haar zat opgebold als een glanzende wolk om haar hoofd. Ze glimlachte breeduit en schreeuwde voortdurend tegen me alsof ik haar taal zou begrijpen als ze maar hard genoeg sprak.

De man die bij haar was, was lang en mager, en droeg een zwart pak en een wit overhemd. Hij zei niet veel, en na een paar mi-

nuten werd ik botweg in zijn armen geduwd. Mijn vriend liep weg zonder over zijn schouder achterom te kijken. Ik schreeuwde en probeerde me los te wurmen zodat ik hem achterna kon gaan. Mijn nieuwe vader hield me stevig vast en ging op een stoel zitten totdat mijn driftbui over was.
De man aan wie ik mijn vertrouwen had geschonken, had me zonder uitleg of troost aan deze mensen overgeleverd. Ik vroeg me af waarom ik weer in de steek was gelaten: waarom mijn vriend, die me scheen te mogen, mij aan vreemde mensen had gegeven.
In de daaropvolgende jaren vergat ik hem niet. Toen ik hem eenmaal in mijn hart had gesloten – ook al was dat binnen een paar uur gebeurd – bleef hij daar. Ik zag hem nooit meer, maar toen ik groter werd, begon ik zijn carrière, die tamelijk illuster was, op de voet te volgen. Ik overwoog vaak om hem te schrijven, maar ik nam aan dat hij zich mij niet meer zou herinneren en ik was bang hem in verlegenheid te brengen of mezelf voor schut te zetten. Het was helemaal niet mijn bedoeling om onze vreemde vriendschap nieuw leven in te blazen, maar er waren een aantal dingen die ik hem wilde vertellen. Ik wilde hem bedanken voor het feit dat hij me weer het gevoel had gegeven dat ik leefde. Ik wilde hem bedanken voor het feit dat hij me had aangekeken en geglimlacht: hij was de eerste die dat sinds de dood van mijn moeder had gedaan. In zijn aanwezigheid was ik niet een 'niemand', of een last, of een niet te adopteren wees; ik was een mens. Ik wilde hem bedanken voor het feit dat hij iets voor me gekocht had en mij zijn zakhorloge had toevertrouwd en me vriendelijk had bejegend. Ik wilde hem bedanken voor het feit dat hij me in zijn armen had gedragen. Ik wilde tegen hem zeggen dat de herinnering aan de paar uren die we samen hebben doorgebracht, heel waardevol voor me is en dat zijn ingehouden, voorzichtige vriendelijkheid een blijvend positief effect op mijn leven heeft gehad.
Ik denk dat iedere liefdevolle handeling, ook al is het een kortstondige, een enorme invloed ten goede heeft. Een groot deel van

de reden dat ik dat zo voel, komt voort uit de herinnering die ik aan die man heb.
Jarenlang heb ik me afgevraagd waarom hij op zo'n abrupte manier afstand van me had gedaan, maar ik denk nu dat hem dat waarschijnlijk het beste leek. Zelf zo snel mogelijk uit beeld verdwijnen was waarschijnlijk wat hij geleerd had te doen zodra het contact tussen een wees en de nieuwe ouders was gelegd.
Terwijl ik snikkend op het vliegveld zat, kwam een meisje op me af die me een stuk kauwgum wilde geven. Omdat ik ontroostbaar was en niet meer rationeel kon nadenken, sloeg ik haar hand weg toen ze die uitstak om de kauwgum aan te bieden. Mijn nieuwe ouders waren diep geschokt en gaven me een stevige uitbrander. Mijn leven in Amerika was nog maar een paar minuten begonnen of ik voelde voor het eerst dat ik spijt als haren op mijn hoofd had. Ik wist niet wat ze zeiden, maar ik wist met zekerheid dat ze boos waren. Ik voelde me ook rot dat ik dat kleine meisje gekwetst had en ik dat niet duidelijk aan haar kon maken.
Die momenten op het vliegveld bereidden de weg voor mijn toekomstige leven met mijn ouders. In mijn ogen was ma een soort monster dat zichzelf met dode dingen behing. Pa was iemand die je in stilte veroordeelde. Ik was een ondankbaar wezen dat zich niet fatsoenlijk gedroeg.
Binnen een paar maanden moest ik de overstap maken van alleen met Omma zijn naar deze lawaaierige plek met een heleboel mensen die een taal spraken die ik dacht nooit te zullen begrijpen. Ik was volkomen van de wijs. Mijn nieuwe ouders konden me niet helpen: ze hadden geen Koreaans geleerd, zelfs niet 'ja' of 'nee'. Ze noemden me bij een andere naam. Ze gingen tegen me tekeer als ik huilde. Niets kwam me bekend voor in dat nieuwe, vreemde landschap.
Terwijl mijn ouders voor in de auto zaten, met elkaar pratend, huilde ik mezelf onderweg van het vliegveld naar huis in slaap. Ik werd pas een paar uur later wakker toen we stopten op de oprit van mijn nieuwe thuis.

Deel twee

Het is nu tijd om te sterven.
Het is tijd om de deur te sluiten.
Het is tijd om jezelf te wapenen
en afscheid te nemen
en nooit meer
te huilen.
Het is nu tijd om te sterven.
Het is tijd om het huis schoon te maken.
Het is tijd om je te wassen
en vaarwel te zeggen
tegen aarde en hel
vanavond.
Het is nu tijd om te sterven.
Het is tijd om de pijn op te geven.
Het is tijd om te voldoen aan je behoefte
om de tranen achter je te laten
of de duisternis of de angsten
of het leven.

Zes

Ik werd wakker in de woestijn, een plek waarvan ik me nooit had kunnen voorstellen dat die zou kunnen bestaan. Buiten lag een onmetelijk uitgestrekt, levenloos, zanderig terrein. Er waren geen velden vol wilde azalea's of rijstsawa's. Er waren bergen, maar ze waren dor en kaal. In plaats van met pijnbomen bedekte hellingen die omhoog welfden tot in nevelige wolkenbanken, zag ik lelijke opeengestapelde rotsblokken. Er waren geen ginkgobomen. Er waren geen heilige lotussen. Er waren grijsachtige beredruifstruiken en onaantrekkelijke planten met grote naalden die cholla's worden genoemd.

De wilde dieren in het gebied hadden zich aangepast aan een leven in de hel. Er waren schorpioenen die over het hete asfalt van de oprit schoten. Er waren azijnschorpioenen die zich verscholen in donkere hoekjes en dan een pijnlijke steek uitdeelden en een zure geur verspreiden. Er waren broodmagere coyotes die in de schemering de heuvels af kwamen om iemands huisdier of een wilde prairiehaas op te eten. Slangen kronkelden van de ene struik naar de volgende waarbij ze hun gebogen sporen overal op het zand achterlieten. Spinnen van sciencefictionformaat bouwden hun enorme webben in de houten overhangende dakrand boven de keukendeur. In de spleten tussen schuttingpalen zaten bruine, solitair levende spinnen waarvan de beten een gif bevat-

ten dat centimeters zacht weefsel wegvrat.
De lucht voelde aan alsof ze uit een gigantische oven naar buiten werd gepompt, met zo nu en dan vlagen van een nog hetere wind die het zand oppakte, er miniatuur wervelwinden mee schiep en alles buiten zandstraalde. Er was geen gras. In die woestenij bestond geen echt groen.
Voor het huis was een brede, witte trap die naar de voordeur leidde. Pa droeg me naar binnen en zette me toen neer, en ik keek stomverbaasd naar mijn voeten die op iets zachts en harigs stonden – later ontdekte ik dat het 'tapijt' werd genoemd – en waarop ik niet durfde te lopen. Voor me zag ik een enorme zwarte doos op drie slanke poten. Ik had geen flauw idee dat het een vleugel was, of dat ik er in de komende jaren een groot deel van mijn leven aan zou doorbrengen. Opzij daarvan stond een roodfluwelen bank en daarachter bevond zich een deur die naar de dorre, met amarant bezaaide achtertuin leidde.
Dat niet echt grote huis maakte een overweldigende indruk op me met zijn lappen beige, hoogpolig tapijt en grote pompeuze meubelstukken. Aan de gang vanuit de woonkamer lagen drie slaapkamers en een badkamer met roze tegels. Mijn nieuwe ouders namen me mee naar mijn kamer om me mijn nieuwe speelgoed en bed te laten zien. Het bed was een notenhouten hemelbed waarop een geel, chenille sprei lag met een enorme margriet in het midden. Ik kreeg als knuffelbeesten een tijger en een zwarte kat, en een roze pop met een plastic gezicht. Later vertelden ze me dat ik geen waardering of enthousiasme had getoond en dat ze teleurgesteld waren over mijn gebrek aan manieren.
Ik had nog nooit in een echt bed geslapen en wist niet wat ik met dat enorme ding aan moest. Het drong niet tot me door dat de kamer en het speelgoed voor mij waren.
Mijn angst werd met de seconde groter. In Korea had ik vervreemding en verdriet en radeloosheid en eenzaamheid gevoeld, maar deze angst was iets nieuws. Ik wist niet wat er het volgende moment ging gebeuren en niemand kon me ook maar iets uitleggen. Alles wat ik zag en hoorde en proefde was me volkomen onbekend.

Ik keek naar alles en zei niets. Ik had op het vliegveld geleerd dat deze twee mensen me niet begrepen en ik hen niet begreep, dus had het geen zin om te proberen met ze te communiceren.
Na een snelle ronde door het huis begon mijn nieuwe moeder mij onmiddellijk te kneden tot haar beeld van het perfecte kind. Ze trok me mijn groene, rubberen schoenen en mijn verschoten katoenen jurk uit en gaf me een lichtblauwe jurk met twee rijen ruches en een kriebelige petticoat. De tas van Korean Airlines waarin mijn verzameling beestjes zat, werd uit mijn handen getrokken. Later, toen ik genoeg Engels begreep, legde ze me uit dat die beesten onhygiënisch waren en moesten worden weggegooid. Maar tegen die tijd was ik te uitgeput om nog te kunnen huilen. Ik berustte erin dat alles wat me dierbaar was, me prompt zou worden afgepakt.
Ik kroop met een van de smetteloze, nieuwe knuffelbeesten uit mijn smetteloze, nieuwe slaapkamer onder de vleugel en drukte me tegen de muur aan. Zelfs met mijn ontluikende claustrofobie leek die plek de veiligste in een huis dat enorm en verbijsterend was na mijn eenkamerhuisje met Omma en mijn afgesloten kribbe in het weeshuis.
Toen het tijd was voor het avondeten werd ik onder de vleugel vandaan getrokken en meegenomen naar de eetkamer waar gebakken kip en aardappelpuree klaarstonden. Ik wist dat het eten was, maar de aanblik en de geur waren me zo vreemd dat ik er misselijk van werd. Mijn ouders gingen tegen me tekeer en probeerden stukjes eten in mijn mond te stoppen die ik resoluut gesloten hield. Ik wilde wat rijst. Ik wilde thee. Ik wilde dat ze hun mond hielden en geen onbegrijpelijke woorden tegen me uitkraamden.
Tegen die tijd waren ze, denk ik, zelf ook behoorlijk moe en we gingen allemaal naar bed. Ik herinner me niets meer van die nacht, behalve dat ik verschillende keren wakker werd en dan op mijn bed ging staan om over het hoofdeinde te turen in de vijf centimeter brede ruimte tussen het hout en de muur. Ik was bang voor die ruimte en voor wat er gedurende de nacht uit te voorschijn kon komen.

Op mijn tweede dag in Amerika nam ik een besluit: ik zou deze mensen en hun vreemde manieren gaan begrijpen. Ik legde nu een verband tussen hen en de foto's die ik in het weeshuis had gekregen, en ik nam aan dat ik bij hen zou blijven totdat ze genoeg van me hadden of totdat ik hen zo boos maakte dat ze me naar het weeshuis terug zouden sturen. Ik lag wakker in bed naar mijn nieuwe slaapkamer te kijken en overdacht alles. Ik geloofde niet dat dit nieuwe contact van permanente duur was, net zomin als dat met contacten in het verleden het geval was geweest, en ik was ervan overtuigd dat ze me, afhankelijk van hoe ik me gedroeg en eruitzag, zouden houden of wegdoen.
Ik had ontdekt, eerst in Korea en nu in Amerika, dat ik niet door anderen geaccepteerd werd. Ik dacht dat als ik heel erg mijn best deed, ik misschien de manier waarop ik eruitzag of klonk voldoende kon veranderen om de mensen om me heen tevreden te stellen.
Tijdens het ontbijt op dag twee probeerde ik het spiegelei en de bacon op mijn bord op te eten. Ik wist wat eieren waren, maar bacon had ik nog nooit gezien. Het niet lang gebakken ei was slijmerig en geleiachtig en ik kokhalsde bij de eerste hap. De bacon was het zoutste dat ik ooit geproefd had, zelfs zouter dan kimchi. Mijn nieuwe ouders hadden uitgesproken ideeën over welk voedsel bij welke maaltijd hoorde en ik at iedere morgen een ontbijt van gebakken eieren met bacon zolang ik bij hen woonde. Ik heb het nooit lekker gevonden. Ik probeerde na te doen hoe mijn ouders hun vork vasthielden die ik al een paar keer in het weeshuis had moeten gebruiken. Het beste van het ontbijt was de jus d'orange die uit een grote, plastic kan in een klein glas met ribbeltjes werd geschonken. Het was zo fris en zoet en puur. Ik dronk het in een paar teugen op en keek verlangend naar de kan omdat ik graag meer wilde. Ook al zou ik Engels hebben kunnen spreken, ik zou niets hebben gevraagd, en later kwam ik erachter dat je at en dronk wat je gegeven werd. Niemand aan die tafel kreeg ooit meer jus d'orange.
Wat ik gekend had, was er niet meer en mijn leven werd iets dat

me volstrekt vreemd was. 'Mul' werd 'water'. 'Pyonso' werd 'badkamer'. Ik werd 'Elizabeth', een meisje van wie ik nog niet wist hoe ze zich moest gedragen. 'Omma' werd nooit door iets anders vervangen. Het enige dat over was, was een leegte waar dat woord ooit had gezeten.

Mijn training – om de Elizabeth te worden die zij wilden – begon onmiddellijk en was niet-aflatend. Ieder moment van de dag werd doorgelicht, ieder woord, iedere handeling en iedere gedachte werd tegen het licht gehouden van de maatstaven van mijn ouders en de voorschriften uit de bijbel, en meestal mankeerde er iets aan mij.

Toen ik in het weeshuis verbleef, had ik enige ervaring met het christendom opgedaan, maar wat ik had meegemaakt was slechts het topje van de ijsberg. Ik wist dat er voor het eten werd gebeden, maar de oneindig lange gebeden die ik pa hoorde opzeggen, waren volstrekt nieuw. In mijn nieuwe huis bestonden de gebeden voor de maaltijden uit een gespecificeerde lijst van alles wat op tafel stond, een opsomming van alle zonden van die dag tot op dat moment, inclusief berouw, een verzoek om gezondheid en welzijn voor iedereen die ziek was en een klaagzang op het lakse politieke en zedelijke klimaat op dat moment.

Ik begon mijn ouders stukje bij beetje te begrijpen. Ik voelde me bij mijn nieuwe vader, die niet voortdurend praatte en niet naar me staarde, het meest op mijn gemak. Na het ontbijt op de tweede dag pakte ik zijn hand en trok hem het hele huis door, wijzend naar allerlei voorwerpen. Hij begreep tamelijk snel wat ik wilde en zei twee keer hoe alles heette, totdat ik het herhaalde, knikte en verder ging. Hij hield mijn hand prettig vast – niet te stevig, maar betrouwbaar – en ik begon hem te mogen. Ik wees op mezelf en naar hem en naar de lucht en het gras en plaatjes van dingen in boeken, alles wat ik maar kon bedenken. Het benoemen van al die dingen nam het grootste deel van de dag in beslag.

Ik viel halverwege de middag in slaap en deed een dutje onder de vleugel, op wat mijn favoriete plek zou worden. Daarvandaan kon ik de voeten van mijn ouders zien komen en gaan, en ik had een muur in de rug, wat me een iets veiliger gevoel gaf. Ik luisterde ingespannen naar mijn ouders als ze met elkaar spraken en begon woorden en stembuigingen uit te proberen door ze zachtjes voor mezelf te fluisteren. Ze leken tevreden over me te zijn: ma klapte in haar handen toen ik naar haar wees en 'moeder' zei. Ik putte moed uit die kleine blijk van goedkeuring en vroeg me af of ik mijn nieuwe ouders misschien toch blij kon maken.

Toen ik wakker werd uit mijn dutje onder de vleugel, voelde ik me duizelig en wee in mijn maag. Ik kroop eronder vandaan, liep naar de roodfluwelen bank en braakte een hoeveelheid wormen over de kussens uit. Ik was nog niet door een dokter onderzocht en droeg parasieten bij me die ik hoogstwaarschijnlijk door de onhygiënische toestanden in het weeshuis had opgelopen. Ik weet niet waarom ik de bank had uitgekozen; ik herinner me niet dat ik de tijd had om een bewuste keuze te maken. Ma schreeuwde en pa greep mijn arm beet en rukte me weg bij de bank. Ik wist dat ik zojuist iets afschuwelijks had gedaan en ik schaamde me en was bang. Ze schreeuwden enkele minuten tegen me terwijl ik midden in de woonkamer stond en me wanhopig ziek voelde en huilde en trilde. Ik hoorde een paar woorden die ik herkende van mijn taallessen met pa: 'bank' en 'beest'.

Mijn ouders maakten de boel schoon; ik bleef staan waar ik stond. Ik wist niet wat ik moest doen. Uiteindelijk pakte pa mijn schouder en duwde me de badkamer in waar ma een bad met warm water liet vollopen. De avond daarvoor was ik niet lang na het eten naar bed gegaan en dit was mijn eerste ervaring met een badkuip. In Korea hadden Omma en ik ons gewassen door water op te warmen dat we in een kleine, houten wastobbe goten. Hoewel er in het weeshuis een grote badkamer was geweest, hadden we alleen maar zo nu en dan een wasbeurt gekregen waarbij we met een desinfecterend middel werden afgesponsd.

Wat ik in de badkamer zag was een enorme witte kom die groot genoeg was om me te verzwelgen, met dampend water dat uit een kleine zilveren opening spoot. Ik keek op naar pa en zei telkens weer *'anyo, anyo, anyo'* (nee, nee, nee). Ma trok mijn jurk uit en samen duwden ze me in het bad. Ik probeerde te blijven staan, maar ik viel een paar keer en glipte onder het hete water. Ik had het gevoel alsof ik voor mijn leven vocht. Terwijl we worstelden, werden mijn ouders en de badkamer kletsnat en op een gegeven moment sloeg pa me in mijn gezicht. Het water was verschrikkelijk heet en diep, en ik dacht dat ik gestraft werd vanwege de wormen.

Na een paar minuten tilde pa me uit de badkuip en duwde me naar ma, die me afdroogde. Ik stond naakt en sidderend in de badkamer terwijl ze tegen me tekeergingen, en de vloer en de muren met handdoeken droog veegden. Daarna trok ma me mijn nachtjapon aan en zei 'bed'.

Nog jarenlang na het voorval met de wormen verontschuldigde ik me telkens weer wanneer ma erover sprak. Ze zei ontelbare keren dat ik in het begin toen ze me kregen 'als een beest was', en dat ik wormen uitbraakte op een mooie, fluwelen bank, bewees dat. Ik voelde me schuldig en schaamde me ervoor, en hoewel ma nooit heeft gezegd dat ze me het kwalijk nam dat ik wormen had, zei ze dat iemand die alleen maar kon krijgen als hij of zij zoiets walgelijks deed als zonder onderbroek buiten op de grond zitten. Maar wat ze wel vaak heeft gezegd, was dat ze niet kon begrijpen waarom ik ze, in een huis met een mooie badkamer, zo nodig moest uitbraken op haar bank.

Ma was geobsedeerd door dat voorval. Ze vertelde het aan iedereen die ze kende; ze gebruikte het als een anekdote als ze iemand voor het eerst ontmoette. 'Leuk u te ontmoeten. Dit is mijn dochter, Elizabeth. Ze is geadopteerd, weet u. O, o, wat hebben we in het begin al niet met haar meegemaakt. Ze was net een beest. Een paar dagen nadat we haar hadden gekregen, liep ze zelfs naar mijn mooie roodfluwelen bank en gaf er zomaar allemaal wormen op over. Kunt u zich dat voorstellen? Nou ja, sindsdien heeft hij er uiteraard nooit meer zo uitgezien als vroeger. Ik kon mijn ogen gewoon niet geloven. De hele bank zat onder die kronkelende dingen. En de badkamer was maar een paar passen lopen de gang in. Waarom ze in 's hemelsnaam besloot om haar wormen op de bank te deponeren, is me een raadsel. Hebt u ooit zoiets gehoord?'

Degene aan wie ze het op dat moment vertelde, luisterde beleefd, ontdaan en in verlegenheid gebracht. Om de paar minuten wierpen ze een blik op me terwijl ik stilletjes naast ma stond. Ik heb altijd gedacht dat ze me met weerzin aankeken en dat de walging die ik op hun gezicht zag voor mij was bestemd. Maar nu ik erop terugkijk, denk ik dat de meeste mensen walgden van haar. Ik denk dat de blikken die ze me toewierpen vol medeleven waren, en als ze gruwelden bij het horen van het verhaal, dat zijn oorsprong vond in het feit dat ma het uitvoerig aan hen wilde vertellen. Ik herinner me dat iedereen het gesprek zo snel mogelijk op iets anders probeerde te brengen.

De onuitgesproken suggestie die ma altijd wekte, was dat mijn eigen moeder en mijn Koreaanse beschaving zo barbaars waren geweest dat het in mijn lichaam wemelde van de parasieten. Maar mijn moeder, mijn Omma, had me dat niet aangedaan. Het was niet het gebrek aan westerse beschaving dat me ziek had gemaakt, maar het Amerikaanse weeshuis met zijn smerige omstandigheden. De witte, christelijke zendelingen die mij zogenaamd hadden gered, waren degenen die verantwoordelijk waren voor mijn ziekte. Ik moest boeten voor hun slechte behandeling van mij.

Die gebeurtenis – en dat ma het eindeloos opnieuw vertelde – is een belangrijke factor geweest bij het diep inwortelen van de walging tegenover mezelf. Ik was ervan overtuigd dat wat er ook in me zat, of het nu geestelijk of lichamelijk was, walgelijk was. Onlangs vertelde m'n dochter me hoe vaak ma – haar grootmoeder – haar dat verhaal had verteld toen ze nog jong was. 'Iedere keer,' zei Leigh, hield ik je dan nauwlettend in de gaten. Je gezicht veranderde. Je zag er eenzaam uit. En dan werd je heel stil en afwezig.'

In het huis waarin we woonden hingen overal afbeeldingen. In de woonkamer bevonden zich prenten van bekende, religieuze

schilders: Jezus voor een poort van een tuin, kloppend; een reproductie van Dürers 'Biddende handen'; en een van een oude man die zijn hoofd in gebed heeft gebogen voordat hij zijn karige snee brood eet. Als je uit de woonkamer door de gang liep, werden de prenten sinisterder: Jezus voor Pilatus staand vlak voor zijn kruisiging; zijn tocht naar Golgotha terwijl hij het kruis draagt. Vlak bij mijn slaapkamer hing een prent waarop Jezus zijn ogen van helse pijn opslaat vanwege de doornenkroon die op zijn voorhoofd drukt. De ogen volgden je als je er langsliep.
Aan de muur boven mijn bed hing een drieluik van Hiëronymus Bosch, een kunstenaar die aan het einde van de Middeleeuwen leefde. Het was een voorstelling van het Laatste Oordeel. Op het linkerpaneel is het paradijs afgebeeld, waar een paar mensen in een groene vallei lopen. Maar zelfs in het paradijs gaat ergens op de achtergrond een engel iemand met een zwaard achterna die daar kennelijk niet thuishoort. Op het middenpaneel is het oordeel zelf afgebeeld, met Christus op zijn troon omringd door heiligen en engelen. Op de grond zijn allerlei verschrikkingen te zien: een schepsel, half-eend half-man, draagt een staak waaraan iemand aan handen en voeten gebonden hangt en bij wie een lang zwaard door de borst is gespiesd. Het hoofd van een man drijft in een ton, terwijl een groene draak klaarstaat om het op te eten. Een dikke man zit aan een tafel terwijl rode demonen iets uit een grote ton in zijn keel gieten. Lichamen worden vermalen onder dicht met nagels bezette molenstenen. Hoofden zonder lichaam bewegen rond op wielen. Op het rechterpaneel van het drieluik is de hel verbeeld. Een zee van vlammen rijst op uit kraters. Naakte vrouwen worden belaagd door allerlei gedrochten; bij de goddelozen zijn dolken in de genitaliën gestoken. Schepselen pikken aan de lichamen van de verdoemden.
Bosch en mijn ouders hadden een heleboel gemeen. Ze waren moralisten die geloofden dat mensen per definitie slecht zijn en als ze aan zichzelf worden overgelaten, uiteindelijk in de hel terecht zullen komen.
Het huis was donker, omdat ma niet wilde dat de zon de oude

massieve, mahoniehouten meubels verbleekte. De dubbele gordijnen zaten altijd dicht, dag en nacht. Het huis stond boordevol voorwerpen: religieuze afbeeldingen en boeken, porseleinen ornamenten, poppen van Saksisch porselein en honderd andere kleine, breekbare dingen waarmee voorzichtig moest worden omgesprongen en die iedere week afgestoft moesten worden. Op de vleugel lag een zijden doek met franjes en stond, zoals op bijna alle andere platte oppervlakten, een boeket plastic rozen. Overal in huis kon je kristallen snoepschaaltjes aantreffen, maar er lag nooit snoep in. Het huis was steriel door zijn volmaaktheid en ik was bang om ook maar iets aan te raken.

Op dag drie begon pa me pianoles te geven. Tegen die tijd verstond ik hun taal redelijk aardig, en ik wist wat de vleugel was omdat pa er elke dag op speelde. Die avond kwam hij thuis met wat ik 'vleugelboek' noemde. Er stonden eenvoudige stukjes in als 'Kitten on the Keys' en 'Indian Brave'. Ik had tegenstrijdige gevoelens over de vleugel, maar wilde pa tevredenstellen. De eerste les was de toonladder van c. Ik zag pa zijn duim onder zijn middelvinger stoppen terwijl hij de toonladder speelde en probeerde zijn beweging te imiteren, maar mijn handen waren half zo klein als die van hem waardoor ik mijn vingerzetting verknoeide. Pa, die een opleiding als beroepspianist had gehad, was ongeduldig met me en iedere les was een beproeving. Ik kreeg 's morgens een uur les, voordat hij naar zijn werk ging, en het draaide er meestal op uit dat hij de kamer uit stormde, boos vanwege mijn gestuntel.
'Waarom kun je niet een eenvoudige toonladder spelen? Ik heb je het nu al zo vaak laten zien.'
Ik vertelde hem dat ik er niet met mijn vingers bij kon.
'Dat is belachelijk. Je moet gewoon je vingers strekken. Je doet je best niet. Waarom ben je zo dwars?'
Het kostte me heel veel moeite om klassieke muziek te begrijpen. Ik was gefascineerd door de vleugel met zijn ivoren toetsen, maar ik raakte van de wijs door westerse muziek. Mijn oren waren af-

gestemd op Omma's vijftonige Koreaanse schaal en deze nieuwe toonschaal schrok me af. Ik was bang om toe te geven hoe weinig ik begreep, dus deed ik vaak net alsof, door goed naar pa te kijken en na te doen wat hij op de vleugel deed. Zo nu en dan vertelde ik hem dat ik de muziektheorie niet begreep die hij me probeerde te leren.
'Natuurlijk begrijp je dat. Je doet je best niet. Je bent gewoon dwars.'
Hij vertelde me dat muziek bestond ter meerdere glorie van God. Dus als ik in gebreke bleef, stelde ik niet alleen pa maar ook God teleur.
Ik bleek aanleg voor muziek te hebben, en het hielp me soms om pa's woede te ontlopen door wat hij me leerde zonder het te begrijpen onder de knie te krijgen. Ik kon zonder te begrijpen een muzieksoort, een taal en een leven nabootsen die me volstrekt niet eigen waren. Als ik al enigszins het gevoel had mezelf te verliezen zoals ik was geweest, dan was ik me dat niet bewust. Ik wilde ook niet de oude Koreaanse ik blijven. Het enige dat ik wilde was me aanpassen en geaccepteerd worden in deze nieuwe wereld.

Op een avond gedurende mijn eerste week in Amerika kwam er een vrouw aan de deur van het huis van mijn ouders met een doos waarin twee jonge poesjes zaten. Ze zei dat ze voor mij waren, omdat ik me eenzaam moest voelen, en ze dacht dat ze me wel zouden opvrolijken. Ze was lid van de kerk van mijn ouders, een dikke, joviale vrouw die vaak lachte. Ma en pa glimlachten en bedankten haar, en ik ging op de grond voor de doos zitten. De poesjes waren grijs met wit, en een beetje aan de bedaarde kant, net als ik. Ik zette ze op mijn schoot waar ze rondsnuffelden en spinden en een beetje jankten. Ik was verrukt van ze. Ik aaide en knuffelde ze en fluisterde ze van alles toe. 'Wees heel, heel voorzichtig met ze,' zei de vrouw tegen me. 'Het zijn nog maar baby's.'
Ik knikte. Ik wist alles af van voorzichtig zijn. Ik wist dat ik ze

geen pijn zou doen. De vrouw lachte en zei dat we een foto moesten maken van mij met mijn nieuwe huisdieren, dus gingen we met z'n allen naar buiten. Ik nam de rok van mijn katoenen jurk met poesjes en al op en volgde de volwassenen naar de patio. Pa nam zijn fototoestel mee en ik ging op mijn hurken zitten, met mijn handen om de poesjes heen en met hun voorpootjes op mijn benen.

Ze waren zo lief en zo zacht, en ik bleef met ze in de achtertuin totdat de vrouw wegging. Ze kwam naar buiten en aaide ze, omhelsde me toen stevig en wenste me er veel plezier mee. Zodra ze weg was, vond er een omwenteling plaats. Ma zei tegen me dat poesjes onhygiënisch waren en een heleboel werk met zich meebrachten. Ze zei dat ze niet wist of ik wel genoeg verantwoordelijkheidsgevoel had om voor ze te zorgen. Toen keek ze naar mijn hand. De poesjes hadden me gekrabd terwijl we aan het spelen waren en ma nam me mee naar binnen waar ze jodium op mijn hand deed en een preek hield over ziektes die katten bij zich droegen. Ik had het helemaal niet gemerkt dat ze me gekrabd hadden, maar de jodium prikte zo erg dat ik begon te huilen. Ik vroeg haar of ik weer naar buiten naar de poesjes mocht, maar ze zei dat ik voor die dag genoeg met ze had gespeeld en dat het de hoogste tijd was om naar bed te gaan. Daarna spraken pa en ma zachtjes met elkaar.

De volgende morgen rende ik naar buiten om naar de poesjes te kijken, maar ze waren er niet meer, en de doos ook niet. Ik vroeg mijn ouders waar ze waren en ze vertelden me dat ze ze hadden weggedaan. 'Ze hebben je gekrabd. Misschien moeten we nu wel met je naar de dokter. Geen poesjes voor jou.'

Nogmaals was de les die me werd voorgehouden zo klaar als een klontje: alles waarvan ik hield werd me afgepakt zonder mijn instemming of zonder dat ik er iets van begreep, net als Omma, net als mijn verzameling speelgoedbeestjes. Ik werd niet van tevoren gewaarschuwd en niet naderhand getroost.

In het nieuwe huisgezin waarin ik was opgenomen, was het niet alleen een schande om te huilen of angst te voelen, het was een zonde van de eerste orde. Die gevoelens zijn van de duivel, zeiden mijn ouders, omdat die getuigden van een gebrek aan vertrouwen in God. Kennelijk stonden alle emoties behalve de Vreugde in de Heer gelijk aan godslastering. Als ik gestraft werd voor iets slechts – mijn moeder een 'lelijke' blik toewierp, een 'onbeschofte toon aansloeg', mijn huishoudelijke taken niet naar behoren uitvoerde – was mijn grootste zorg mijn tranen binnenhouden. Soms lukte me dat niet helemaal en begonnen mijn lippen te trillen. 'Trek niet zo'n gezicht!' zeiden mijn ouders en dan kreeg ik een klap op mijn trillende mond.

Na een poosje werd het makkelijker. Ik leerde me te beheersen totdat tranen en woede en pijn een harde brok achter in mijn keel vormden. Op een bepaald moment werd het zelfs onmogelijk om nog te huilen. Ik kon het gewoonweg niet meer. De paar keren in de loop der jaren dat er een paar tranen ontsnapten, was de lichamelijke pijn verschrikkelijk.

Mijn ouders bedachten allerlei manieren om me te helpen mijn angst te overwinnen en te leren om in God te vertrouwen. Ze hadden bijvoorbeeld een oefeningetje voor me uitgedacht om mijn oncontroleerbare angst voor het donker te bedwingen. Aan het einde van de lange gang lag mijn kamer. Daarin zetten ze mijn speelgoedtijger op de grond. Het was donker in de gang; mijn ouders en ik stonden in de woonkamer. 'Loop nu door de gang en ga je tijger halen,' zeiden ze tegen me, 'en houd op met dat malle gedoe.' Ik kon niet buiten tijger, maar ik was bang voor de donkere gang en voor wat me mogelijk in mijn donkere kamer stond op te wachten. Ze weigerden het licht aan te doen of met me mee te lopen, omdat ze, zo vertelden ze me, probeerden om mij iets voor mijn eigen bestwil te leren. Ten slotte, na een heleboel tranen en gesmeek, zette ik me schrap en liep door de gang omdat ik het idee niet kon verdragen dat tijger daar alleen in het donker zat.

Het huis waarin we woonden, gaf me het gevoel alsof het me kwaadgezind was. De lichtschakelaar voor het donkere trappenhuis zat, om de een of andere reden, onder aan de keldertrap en

's avonds stuurde ma me vaak naar beneden om zeep of wc-papier te halen of alleen maar om te kijken of alles goed dicht zat. Ik haatte het om in het donker naar beneden te gaan, maar de weg terug was nog erger. Ik stond onder aan de trap, mijn vingers op het lichtknopje, bedacht hoe ik me precies moest bewegen zodat ik de trap op kon stuiven zodra het licht uit was. 'Langzamer kan ook wel en loop fatsoenlijk de trap op,' zei moeder tegen me. 'Je gedraagt je als een wilde. Ga weer naar beneden en kom als een dame omhoog.'
Dus liep ik de trap weer af met afgemeten stappen en een uitdrukkingsloos gezicht. Ik stopte aan de voet, deed het licht aan en uit, en liep weer terug. 'Dat was te snel. En je trilt. Dat soort angst is absoluut verdorven. Wat moet de Heer wel denken? Je gaat nu naar beneden en doet het opnieuw. En deze keer glimlach je als je de trap op loopt. Vergeet niet dat alles wat we doen, hoe klein ook en al is het een stuk zeep uit de kelder halen, ter meerdere glorie van God wordt gedaan.'

Op een middag niet lang nadat ik in Amerika was gearriveerd, liep ik mijn nieuwe huis uit en wandelde de straat over. Ik wilde de her en der staande wilde bloemen en de onkruiden die daar op een braakliggend terreintje groeiden, van dichtbij bekijken, en plukte er een paar om een boeket voor ma van te maken. Ze deed een dutje en pa was naar zijn werk en ik verveelde me en voelde me alleen. Dus deed ik gewoon de deur open en vertrok. Ik dacht dat ze me daardoor aardiger zou vinden; Omma was tenslotte dol geweest op de boeketten die ik voor haar plukte in de velden rondom ons huis, en ze stonden zelfs naast Boeddha in hoogsteigen persoon op ons altaartje.
Ik was maar een paar minuten weg, althans volgens mijn gevoel. Maar toen ik weer door de voordeur binnenkwam, hing ma aan de telefoon met pa en hoorde ik haar zeggen: 'Nou, daar heb je d'r eindelijk.' Ze legde de hoorn neer en ging met haar handen op haar heupen voor me staan.
Het was stil daar in het halletje bij de voordeur met alleen het

tikken van de pendule. Op ma's witte jurk stonden allemaal rode klaprozen en haar rug was kaarsrecht, haar haren netjes gekapt. Ik had het warm en was smerig, met zand op mijn zwarte lakleren schoenen en op mijn met kant afgezette sokjes. Ze keek me een moment aan terwijl ik vlak bij de deur stond, waarbij de felle zon op mijn rug scheen, en het verleppende boeket in mijn hand begon te trillen. 'En waar mag jij dan wel hebben uitgehangen, jongedame? Je vader moet vroeger van zijn werk vertrekken vanwege jou. Ik zal zorgen dat je hem, zodra hij thuis is, vertelt hoe slecht je bent.'

Ik bood haar de bloemen niet aan; ze rukte ze uit mijn hand en gooide ze weg. 'Geen onkruid in mijn huis. Ik ben allergisch voor die dingen. Probeer je me soms ziek te maken?' Toen pa thuiskwam, gingen we met z'n drieën in de woonkamer zitten en somden mijn ouders mijn zonden op: planten van iemand anders stelen, naar buiten gaan zonder toestemming, ma ongerust maken. 'Waarom ben je zo slecht? Wat moeten we met je doen?' Ik kreeg een enorm pak slaag; het eerste van mijn leven. Pa hield mijn bovenlichaam in bedwang door me in de hoofdgreep te nemen, gezicht van hem afgewend, en sloeg toen met een houten lat op mijn billen en benen. Nog erger dan de lichamelijke pijn was de angst voor deze nieuwe, onbekende straf. Ik wist niet dat er na een stuk of twaalf slagen een einde aan de afstraffing kwam; ik wist niet wat er het volgende moment zou gebeuren.

Niettemin vond ik dat ik het verdiende. Ik wist dat ik slecht was; ik geloofde de volwassenen om me heen. Door mijn leven in Korea had ik de nederigheid van een paria leren kennen. En omdat ik nog niet wist wat slecht en wat niet slecht was, was ik doodsbang.

Die avond, nadat ik naar bed was gestuurd, sloop ik mijn kamer uit en door de gang om bij de deur van de slaapkamer van mijn ouders te gaan zitten. Ik kneep 'm nog steeds voor het donker en voelde me bang en alleen. Ik vroeg me af of ze me zouden terugsturen naar het weeshuis. Ik wist dat ik ze 's nachts niet te hulp mocht roepen, maar ik dacht: ik ga alleen maar stilletjes

daar zitten en naar hun stemmen luisteren. Ik wilde zeker weten dat ik niet helemaal alleen op de wereld was. Ik hoorde pa zeggen: 'Ik denk dat haar adopteren een grote vergissing is geweest.' Ik liep op mijn tenen terug naar mijn bed, staarde naar het plafond en perste mijn nagels in mijn huid.
Mijn nagels in mijn huid persen was de enige manier die ik ontdekt had om mezelf af te leiden van mijn pijnlijke gevoelens en ik ben er nog jarenlang mee doorgegaan. Ik putte nooit troost uit het gevoel van lichamelijke pijn en het warme druppelen van bloed, maar het bood me iets anders om aan te denken. Het gaf me ook het gevoel boete te doen voor de ondraaglijke last van schuld en schaamte die op me rustte. Mezelf pijn doen bevredigde op de een of andere manier mijn verlangen naar gerechtigheid.
Toen ik ouder werd, perste ik vaak mijn nagels in mijn hals totdat ik een rode, met een korst bedekte striem tot stand had gebracht rondom mijn keel. Ik perste mijn nagels in de zachte holtes rondom mijn ogen. Ik werd vaak 's nachts wakker om te ontdekken dat ik opgerold in bed lag, in foetale houding, met tranen die uit mijn gesloten ogen stroomden en mijn nagels vastgezet in een of andere kwetsbare plek. Ik kon wakker worden en dan drong het tot me door dat ik mijn nagels in mijn vagina had geperst. Soms fluisterde ik op die momenten dat ik ontwaakt was: 'Het is nu tijd om te sterven. Het is nu tijd om te sterven.' Bijna iedere morgen zat er bloed op de lakens en opgedroogd bloed op mijn huid.
Mijn ouders schenen het nooit op te merken; of als dat wel zo was, waren ze te gegeneerd om er iets over te zeggen. En binnen een paar maanden na mijn aankomst in Amerika begon ik de hele was te doen, dus was ik de enige die de bebloede lakens in handen kreeg.
Terugkijkend verbaast het me ten zeerste hoe makkelijk ik me aanpaste en hoe gebrand ik erop was om te behagen. Ik leerde in minder dan een week redelijk vloeiend Engels spreken, in minder dan een maand om piano te spelen, en hoe me te gedragen

als de fatsoenlijke christelijke dochter die ze bijna van de ene op de andere dag wilden hebben. Ik was bereid alles te doen om hun goedkeuring te verwerven. Ik wilde zo wanhopig graag hun liefde verdienen.

Zeven

Na en paar dagen in Amerika leerde ik glimlachen. Ik glimlachte zoveel dat het zeer deed. En als ik het vergat, keek ma de kamer rond en zei: 'Hé, ik hoor een stem maar ik zie niemand. Ik kan me zo voorstellen dat als een klein meisje zou willen glimlachen, ik haar zou kunnen zien.' Dus maakte ik mijn mond zo breed mogelijk en keek haar buitensporig stralend aan, en dan erkende ze dat ik aanwezig was.

Dat spelletje was symbolisch voor het leven in dat gezin: als ik niet keek en deed zoals mijn ouders wilde, bestond ik niet. Als ik niet glimlachte, zei ma dat 'het grote opperhoofd Onweerswolk' erin geslaagd was om de kamer binnen te sluipen en onmiddellijk moest vertrekken. En mijn glimlach was pas breed en vrolijk genoeg als ma zei: 'Kijk eens aan, een leuk klein meisje. Ik geloof dat ze van ons mag blijven.'

Ik was onzichtbaar als ik niet precies deed wat ze wilden. Ik begon te geloven dat ik zou verdwijnen als ik niet het perfecte kind zou worden.

Ik wilde er zo wanhopig graag bijhoren, hetzelfde zijn als de mensen om me heen. Als pa voor de spiegel stond om zijn das in orde te brengen of zijn hoed goed op zijn hoofd te zetten voordat hij naar zijn werk vertrok, stond ik naast hem en vergeleek onze gezichten. 'Ik lijk precies op u,' zei ik terwijl mijn okerkleurige

huid en donkerbruine, krullende haar en amandelvormige ogen werden weerspiegeld naast zijn lange, op-en-top Amerikaanse, lichte kleur huid en blonde haar.
Ik haatte mijn uiterlijk. Of ik nu in Korea was of in Amerika, ik vond dat mijn gezicht verkeerd was. In Korea waren mijn ogen te Amerikaans; in Amerika waren ze te Aziatisch.

Waar ik vandaag de dag leef, in de eclectische maatschappij waarvan ik houd, is het nauwelijks te geloven dat mijn Amerikaans-Aziatische gezicht mensen zo van hun stuk bracht. Ik was de enige in het stadje die tot een minderheid behoorde en ik was daarvan nog een tamelijk pover exemplaar. Ik kan me niet voorstellen hoe de mensen zouden hebben gereageerd op een neger of volbloed Aziaat. Maar in die tijd werd er voortdurend de spot gedreven met mijn gezicht. En thuis werd ik er voortdurend aan herinnerd hoe anders ik eruitzag. ('Elizabeth, kam je haar niet zo naar achteren. Je ziet er veel Amerikaanser uit als het als een wolk rondom je gezicht hangt. Blijf niet buiten in de zon. Je ziet er als een indiaan of zoiets uit, niet als een mooi, Amerikaans meisje.')
Mijn adoptiefmoeder was lang en slank en had lichtbruin haar waarin tot op hoge leeftijd geen grijze haar te bekennen was. Ze kleedde zich altijd alsof ze gasten verwachtte. Je kon willekeurig welke dag om zeven uur 's morgens bij ons langskomen en dan had ze haar kousen, een korset, schoenen met vijf centimeter hoge hakken en haar jurk al aan. Ze ging er prat op dat ze nooit meer make-up op had dan wat rouge, lippenstift en poeder. Ze liet haar haren één keer per maand permanenten.
In die tijd was pa hulppredikant in een kleine, streng protestants-christelijke kerk. Hij droeg altijd een pak, zelfs op zaterdag. Meestal was het zwart en droeg hij er een wit overhemd en een zwarte das bij. Tegenover de buitenwereld was hij vriendelijk en hij was oprecht geïnteresseerd in andere mensen. Hij charmeerde anderen vooral door zijn vermogen om iedereen het gevoel te geven dat zijn dag was goed gemaakt omdat hij juist diegene had ontmoet; dat hun aanwezigheid het enige was dat nodig was ge-

weest om zijn geluk compleet te maken. En hij meende het echt. Hij bracht het grootste deel van zijn tijd door met het lenigen van de noden van anderen. Hij bezocht de zieken. Hij was in de kerk zodra hij maar even nodig was. Hij leidde kerkdiensten in de plaatselijke rusthuizen. Hij organiseerde voedselbonnen als mensen geen geld hadden, en hij nam ze mee naar de winkel om hun kruidenierswaren aan te schaffen. Maar hij was zelden thuis. Behalve wat mijn dagelijkse pianolessen en het religieuze onderricht betreft, stond ik als laatste op zijn prioriteitenlijst.

Pa was een en al tegenstrijdigheden. Aan de ene kant had hij door zijn geloof een zeer beperkte kijk op wat goed of fout was en was hij overtuigd van het bestaan van de erfzonde en eeuwige verdoemenis. Maar hij was ook een van nature vriendelijke en liefdevolle man die me hard kon straffen voor een zondige gedachte en daarna de hele avond op zijn knieën doorbrengen, in tranen, biddend voor mijn ziel.

Ik wilde hem wanhopig graag behagen. En om de een of andere reden voelde ik me verantwoordelijk voor zijn geluk. Dat gevoel kreeg ik al nadat ik nog maar een paar dagen bij hen in huis woonde. We zaten met z'n drieën in de keuken en ma gaf me het laatste koekje uit de koekjespot: een vriendelijk gebaar dat helemaal niets voor haar was. Ik nam het aan, keek toen naar pa's gezicht en stopte het koekje onmiddellijk in zijn mond. Hij glimlachte en at het op, en ik was in de wolken; ik had iets gedaan waardoor hij blij met me was.

Ik bleef nog jarenlang koekjes in zijn mond stoppen. Als we een spelletje speelden – soms Monopolie, of Mens Erger Je Niet – speelde ik vals zodat pa kon winnen. Ik huilde altijd als hij minder dan perfect bleek of wanneer hij niet voor elkaar kreeg wat hij wilde. Toen we een keer met de kerk op zomerkamp waren, gapten de kinderen zijn pyjama uit ons huisje en hingen die boven in de vlaggenstok; ik werd hysterisch en probeerde hem naar beneden te halen zodat niemand ten koste van pa zou kunnen lachen.

Om de een of andere reden werd het een obsessie voor me om hem te beschermen. In mijn ogen was hij heel kwetsbaar, on-

danks de harde manier waarop hij me vaak aanpakte, en ik dacht dat het mijn verantwoordelijkheid was om hem te beschermen en gelukkig te maken.
Niettemin maakte ik hem een groot deel van de tijd boos en hij bleef vinden dat mijn gedrag welbewust zondig was. Op een avond in december, ongeveer een jaar na mijn adoptie, waren we klaar met de bijbelstudie en was het mijn beurt om te bidden. Maar zodra ik zei 'Lieve Heer Jezus', barstte ik in tranen uit. Ik was me steeds ongemakkelijker en ongelukkiger gaan voelen, zonder te weten waarom.
En ineens wist ik het.
'Ik wil net als mijn mammie dood,' zei ik tegen mijn geschokte ouders. 'Ik heb het gevoel alsof ik ook doodga. Ik wil haar terug. Kan Jezus haar niet terugbrengen?' Doordat ik zo moest snikken, lukte het me absoluut niet om de diepte van mijn pijn onder woorden te brengen.
Pa was woedend. 'Hou onmiddellijk op met huilen,' zei hij tegen me. 'Ik meen het. Hou nu op.'
Ik deed mijn uiterste best, maar ik was te verteerd door verdriet om ermee te kunnen stoppen, ook al wist ik dat hij me zou straffen: daar mijn ouders me zelfs al een fikse uitbrander gaven als ik een bedroefd gezicht trok, beschouwden ze onbeheerst snikken als een wandaad.
Pa sloeg me in mijn gezicht, om en om met de palm en de rug van zijn hand, en het snikken nam af, veranderde in kuchen en toen in kokhalzend gehik. De pijn die gepaard ging met het met zoveel moeite terugdringen van het gesnik was ondraaglijk. 'Ze is je moeder niet!' schreeuwde hij. 'Ze was een zondige vrouw die helemaal niet van je hield. Ze is in de hel. Denk je nou echt meer te weten dan God? Heb je soms kritiek op zijn beslissingen? Weet je wat er gebeurt met mensen die dat doen?'
En hij begon het me uit te leggen, door uit de bijbel het ene voorbeeld na het andere voor te lezen waar iemand de vermetelheid had gehad om achteraf kritiek op God te hebben. In alle gevallen was de straf verschrikkelijk. 'God is een God der toorn!' ver-

telde pa me. 'Hoe durf je Zijn wetten in twijfel te trekken.'

Ma zei niets terwijl ze naar ons keek en van ongeloof over mijn zondigheid haar hoofd schudde. 'Het verdriet me zo ontzettend dat je zo'n slecht meisje bent,' zei ze daarna tegen me. 'Ik dacht dat we een uitverkoren kind van de Here hadden. Hij liet ons jou kiezen uit al die kinderen in dat weeshuis en ik had nooit verwacht dat je je zo zou gedragen.'

Ik stond voor hen met een borst die pijnlijk zwoegde terwijl ik naar de grond staarde. Ik voelde de bekende, toenemende brij van emoties: angst, boosheid, eenzaamheid... maar vooral schaamte.

Veel te snel leerde ik Omma uit mijn gedachten te bannen. Mijn ouders vertelden me dat ze heel slecht en zondig was en dat zoiets een prostituee werd genoemd. Ze hield niet van me, zeiden ze; het kon haar niet schelen of ik leefde of dood was.

Ze hadden een standaardzinnetje dat tot vervelens toe werd herhaald terwijl ik opgroeide: 'Je moeder heeft je in een rijstsawa achtergelaten om te sterven.' Het werd aan bijna iedere strafpreek of terechtwijzing toegevoegd: 'Behandel ma met meer respect. Ze houdt veel meer van je dan je biologische moeder die je in een rijstsawa achterliet om te sterven.' 'Wees gehoorzaam en doe al je werk in huis ter meerdere glorie van God. Vergeet niet hoeveel geluk je hebt dat je in Amerika bent, omdat je biologische moeder je in een rijstsawa achterliet om te sterven.' 'Hoe kun je God onwelgevallig zijn door om je biologische moeder te huilen? Ze hield helemaal niet van je. Vergeet niet dat ze je niet wilde. Ze liet je achter in een rijstsawa om te sterven.'

Een paar jaar geleden onderhield ik mijn ouders over die zin. Waarom hadden ze dat gezegd? Waarom dachten ze dat? Ma zei dat ze zeker wist dat iemand het hen op een bepaald moment had verteld. Pa gaf echter toe dat ze het maar verzonnen hadden. Hij zei dat ze dachten dat het makkelijker voor me zou zijn als ik in dat verhaal geloofde. Makkelijker dan wat zei hij niet. Dieper zijn we nooit op dat onderwerp ingegaan. Ik zei dat het goed was, dat ik zeker wist dat ze met de beste bedoelingen hadden gehandeld. Ik wilde ze nog steeds niet van streek maken.

Mijn ouders zeiden dat Omma Jezus niet als haar Verlosser had aangenomen, en dus was ze nu in de hel waar ze tot in eeuwigheid zou branden. Ik werd voortdurend geplaagd door gedachten aan de dood en de hel en eeuwige verdoemenis. Ik heb het altijd ironisch gevonden dat in het streng protestants-christelijke geloof de gedachte aan het leven na de dood wordt aangeprezen als iets vertroostends terwijl het hele concept zo angstaanjagend is. Mijn ouders zeiden dat we altijd werden omringd door talloze demonen die ons stonden op te wachten om onze zielen te pakken te krijgen en ons weg te voeren naar de hel. Voor mij bestonden deze demonen echt. Ik zag in mijn verbeelding dat ze zich over me heen bogen, wachtend. Het waren lange, geschubde wezens met enorme handen die uitmonden in gekloofde klauwen. Ze hadden wijd open monden met vlijmscherpe tanden. Tegen de tijd dat ik naar bed moest, leken ze nog dreigender. Terwijl ik mijn tanden poetste, mijn gezicht waste en mijn pyjama aantrok, werd mijn angst alleen maar groter.
De enige bescherming was bidden. Ik knielde neer op het versleten kleedje in mijn slaapkamer en dreunde mijn litanie van zonden van die dag op: 'Ik had vandaag een boze gedachte. Ik was vandaag brutaal tegen pa. Ik heb me vandaag jaloers gevoeld.' Ik louterde vijftien tot twintig minuten mijn ziel omdat een niet opgebiechte zonde betekende dat de demonen me te pakken konden krijgen. Ik had mijn ogen gesloten, maar om de paar seconden deed ik heel even een ooglid een stukje open om een kijkje te nemen. Mijn ouders zeiden dat engelen en demonen alleen met geestesogen konden worden gezien en niet met fysieke. En ze zeiden dat onze geestesogen -gedurende het gebed waren geopend. Dus was ik, als er gebeden werd, op mijn hoede voor demonen.
Na mijn gebed klom ik in bed en deed het licht uit. Ik probeerde de demonen, die zich voor mij verborgen, bij de neus te nemen door te doen alsof ik sliep en dan ineens mijn ogen snel open te doen en alle hoeken van de kamer af te speuren. Soms zag ik ze bijna. Soms dacht ik dat de demonen in het drieluik van

Bosch zich bewogen en misschien waren zij het wel die in het donker op de loer lagen.
De hel was even echt als de nachtmerries die me iedere nacht bestookten. Beide waren reëler dan het leven als ik wakker was. Ik had helemaal niet het gevoel dat ikzelf echt was. Als ik in de spiegel keek, stond ik soms ineens versteld van het gezicht dat me aankeek. Ik was er zo goed als van overtuigd dat ik iemands kwade droom was en ik had medelijden met ze. Maar uiteindelijk, nam ik aan, zou de dromer in een zonovergoten wereld wakker worden en zou ik verdwijnen als het laatste donkere sliertje rook van een kaars.
In het roze, bakstenen huis lag ik opgerold in mijn imitatie-achttiende-eeuwse bed, in mijn flanellen nachthemd. Ik las de bijbel en zei mijn gebed op, en terwijl ik iets voor me zag dat steeds dichterbij kwam, trok ik mijn knieën nog verder op en fluisterde 'Jezus, Jezus', steeds maar weer. Maar hij kwam nooit.
Daar, zie je het groter worden? In de hoek van mijn kamer, zich veranderend in een vrouwenlichaam, zwevend tussen hemel en aarde. Ik kan haar gezicht niet zien, maar haar blote voeten hangen slap neer, de tenen wijzen recht naar beneden, naar mijn gevlochten kleed van oude lappen dat op de een of andere manier in een keurig aangeveegde, aarden vloer is veranderd. Ze heeft een witte jurk aan, met blauw afgezet en kruislings over het lijfje een sjerp. Nu begint ze een beetje te bewegen door de zachte wind die door mijn geopende raam komt. Ik moet mijn ogen openen voordat haar gezicht zich naar mij omdraait. Jezus. Jezus. Ik duw mezelf omhoog naar het plafond. Als ik het plafond kan aanraken, zal ik wakker worden. Jezus. Omma.
Wanneer ik het 's nachts het hardst te verduren had, lag ik hijgend in bed, terwijl mijn hart zo luid klopte dat mijn oren er zeer van deden, mijn hoofd kletsnat van het zweet was en klonters bloed en huid op en onder mijn vingernagels zaten.

Er werd me voortdurend verteld hoe gezegend ik was dat ik geadopteerd was door mijn ouders en was opgenomen in een christelijke familie, weg uit Korea en uit het weeshuis. 'Al die andere kinderen zijn gestorven, en God heeft jou uitverkoren om te blijven leven,' vertelden mijn ouders mij. 'Van alle wezen daar, liet Hij ons jou adopteren. God heeft bijzondere plannen met jouw leven, en je moet Hem altijd gehoorzamen en eren.' Ik trilde als ik dacht aan hoe ik God iedere minuut van de dag en nacht teleurstelde. Hij had iemand anders moeten kiezen.

Ik had verschrikkelijke schuldgevoelens over die andere kinderen. Mijn ouders schudden hun hoofd en keken ernstig wanneer ze de wreedheden opsomden die tegen de vergeten kinderen van de Koreaanse Oorlog waren gepleegd. Ik dacht aan degenen die ik persoonlijk had gekend – het kleine meisje in de vuilnisbak, het jongetje zonder handen – en ik kon me niet voorstellen waarom ik het waard was om gered te worden en zij niet.

Mijn ouders herinnerden me dagelijks aan alle kinderen die in de achterafsteegjes in Seoel sliepen en vochten om een paar hapjes eten, en ze vergeleken die wereld met het gerieflijke thuis dat ik had gekregen. Het lijden van die kinderen liet me niet los. Ik was boos vanwege de onrechtvaardigheid waardoor zij dáár moesten blijven en ik naar Amerika had gekund. Ik bad voor ze – omdat ik niets beters wist te doen – maar het voelde als verspilde moeite. Ik was boos op God vanwege de keuze die Hij had gemaakt: ik was het niet waard om gered te worden, en zij misschien wel.

Ik vroeg me af er een limiet was aan het aantal kinderen dat door God gered kon worden, en of als dat bereikt was, de rest gewoon werd weggeslingerd zoals zoveel ruimteafval. Ik was ook bang om zulke gedachten te hebben; ik was bang voor de toorn en de straf van God.

Tijdens de bijbelkring met het hele gezin spraken we over het beginsel van de 'predestinatie'. Pa legde dat uit door te zeggen dat predestinatie betekende dat God bepaalde mensen had uitverkoren – in de bijbel staat 'zelfs nog vóór de grondlegging der wereld' – die gered werden. Een paar mensen hadden geluk; de rest zou eeuwig in de hel vertoeven. Het klonk in mijn oren als het

werk van een sadistische gek, maar mijn ouders vertelden me dat we, omdat we met een aards verstand denken, niet wijs genoeg zijn om te begrijpen waarom God doet wat Hij doet. In het boek Jesaja zegt God: 'Want Mijn gedachten zijn niet uw gedachten, en uw wegen zijn niet Mijn wegen.'
En schreeuwen en met mijn vuisten tegen mijn gezicht slaan omdat God mijn Omma niet had uitverkoren om gered te worden, was je reinste zonde, zeiden mijn ouders. Als ze in de hel is, komt dat door haar eigen slechte karakter en ik kon maar beter de wil van God accepteren.
Angst regeerde mijn leven. Ik was bang voor mijn ouders. Ik was bang voor God en voor de hel. Ik was bang voor de kinderen op school die over me smoesden en om me giechelden. Ik was bang dat ik zou worden teruggestuurd naar het weeshuis. Ik was bang om te gaan slapen. Ik was bang voor het hoofd van Christus met de doornenkroon dat oplichtte tegen de donkere achtergrond en dat in de gang hing.

Mijn ouders hebben vele uren van mijn jeugd op band opgenomen op een grote recorder die in een hoek van de woonkamer stond. Veel scènes daarop betroffen straffen. Op de opnames ontvouwt zich het relaas – waarbij mijn angst voor iets meestal centraal staat – gevolgd door de redeneringen, het gesmeek, de tranen en de ontknoping in mijn straf en diepe berouw.
De bandrecorder stond altijd klaar. Als zich een crisis aandiende – ik had bijvoorbeeld een bijbelvers niet precies onthouden, of ik was bang om naar de kelder te gaan – stond pa op en zette de bandrecorder aan. Hij begon dan heen en weer te lopen door de kamer en tegen me te preken terwijl ik probeerde niet te huilen. Ik was me er altijd van bewust dat de bandrecorder draaide, maar het was zo'n dagelijkse gang van zaken dat ik het niet raar vond. Vrij vaak gaf hij me een pak voor mijn broek terwijl de bandrecorder opnames maakte. Als we later naar de banden luisterden, kwam iedere klap luid en duidelijk door, evenals mijn gesnik. Op de achtergrond kon je ma iets dergelijks horen zeggen als: 'Heb

je er nu geen spijt van dat je zo'n slecht meisje bent geweest? Wil je Jezus niet om vergeving vragen?'
De bandopnames gingen door tot ik ongeveer een jaar of tien was. Ze werden herhaaldelijk afgedraaid terwijl ik opgroeide; we zaten er dan in de woonkamer naar te luisteren. Mijn ouders waren er dol op. De bandopnames waren het middelpunt van vermaak van ons gezin. We zaten na het avondeten in de woonkamer en dan zei ma: 'O, laten we nog eens naar die leuke banden van Elizabeth luisteren.'
Tijdens de scènes waarin ik schreeuwde of smeekte, zaten mijn ouders meestal te gniffelen en te schudden met hun hoofden terwijl ze me aankeken. Het zou allemaal vermakelijk moeten zijn maar ook een praktisch voorbeeld van het loon der zonde. Ik probeerde met hen mee te glimlachen, en toen ik ouder werd, leerde ik hard te lachen om mijn op band opgenomen narigheid. Ik begon ook commentaar te leveren op het verachtelijke kind op die banden. 'Moet je mij horen,' zei ik dan tegen mijn ouders. 'Wat was ik slecht, hè? Hoe konden jullie me verdragen? Daarvoor verdiende ik echt een pak slaag.'
Enige jaren geleden had pa al die banden op cassette gezet en gaf me als kerstcadeau een in leer gebonden portefeuille met kopieën van alle banden. Ik was totaal verbouwereerd, bedankte hem en stopte ze achter in een la. Ik heb nooit naar ze geluisterd of ze uit de la gehaald tot een jaar of twee geleden toen ik ze tijdens een catarsisachtige aanval van schoonmaakwoede bij elkaar raapte en weggooide.
Dit was een van de abnormaliteiten in ons gezin die ik gewoonweg als zijnde normaal accepteerde. Het verbaast me dat mensen het niet geloven, ook al besef ik nu hoe bizar het was. Maar de bandopnames waren, voor mij, net zo'n gewoon deel van het dagelijks leven als het afwassen van de ontbijtborden. Mensen die zich gedragen overeenkomstig een overtrokken religieus fanatisme doen dingen die voor anderen onbegrijpelijk zijn. De bandopnames waren gewoon een integrerend deel van dat straffende, streng protestants-christelijke gezin.

Acht

Het kleine kringetje van ma, pa en de kerk waarin ik me bewoog, werd plotseling en onaangenaam verbreed toen ik naar school ging. Ik had genoeg kennis van de regels thuis en in de kerk opgedaan om me te redden, maar school was een nieuwe, vreemde en onaantrekkelijke wereld.

Op mijn eerste schooldag stelde mijn onderwijzeres me aan de klas voor en vroeg toen of ik iets over mezelf wilde vertellen. En daar stond ik dan, zwijgend, zenuwachtig plukkend aan de satijnen ceintuur van mijn te chique jurk. Ik wist niet wat ik moest zeggen. Mijn ouders vonden het niet prettig als ik over Korea sprak, dus kon ik de kinderen niet vertellen waar ik vandaan kwam. Ik had geen vriendinnen of hobby's waarover ik kon praten. Ik had geen huisdieren die ik kon beschrijven. Ik kon niets bedenken waar iemand ook maar in de verste verte geïnteresseerd in kon zijn. Ik had bescheiden gebogen toen mijn onderwijzeres me had voorgesteld en de kinderen hadden zachtjes gehinnikt. De onderwijzeres wachtte een paar seconden en zei toen bruusk dat ik moest gaan zitten.

Tegen die tijd was ik iets meer dan een jaar in Amerika en men nam aan dat ik een jaar of zeven was. Ik had het hele proces van naturalisatie tot Amerikaanse al doorlopen en mijn kennis van de Amerikaanse geschiedenis en mijn beheersing van de finesses van de Engelse taal waren groter dan die van de meeste van mijn klasgenootjes. Op die eerste dag zat ik een tekening in mijn schrift te maken terwijl de onderwijzeres sprak. Ze vroeg of ik me verveelde en ik antwoordde naar waarheid: 'Ja.' Dus bracht ik het daaropvolgende uur in de hoek door, er niet helemaal zeker van waarom ik daar terecht was gekomen of wat er van me verwacht werd dat ik deed.

Mijn adoptiefouders hadden me leren lezen voordat ik naar school ging en ze hadden dat zo goed gedaan dat mijn onderwijzeres van de tweede klas na een paar dagen haar mening over mij bijstelde en besloot dat ik een wonderkind was. Ik moest de zesdeklassers hardop voorlezen uit het Engelse leerboek. De onderwijzeres zei tegen hen dat ze zich moesten schamen dat een meisje uit de tweede klas, dat nog maar zo kort Engels kende, zoveel beter kon lezen dan zij.

Dat bezegelde uiteraard mijn lot op school. De leerlingen, vooral de ouderen, waren meedogenloos. Ze staken de draak met mijn onstuimige krullen. Ze staken de draak met mijn enigszins scheve ogen en stompe neus. Ze staken de draak met de nauwkeurige manier waarop ik mijn woorden articuleerde en met mijn zo nu en dan opduikende Koreaanse accent. En omdat iedereen in ons stadje mijn ouders kende, wisten de kinderen ook dat ik geadopteerd was, dus staken ze daar uiteraard ook de draak mee.

De lagere school was voor mij van het begin tot het einde zo goed als op dezelfde leest geschoeid: ik was slim maar ik voelde me diep ongelukkig; ik had geen vrienden of vriendinnen en ik was op het schoolplein voortdurend het mikpunt van grappen; ik at mijn lunch alleen op; ik zat in de pauzes in het uiterste hoekje van het schoolplein Charles Dickens te lezen.

Ik vond Dickens prachtig. Als ik hem las, had ik het gevoel alsof hij het woord alleen tot mij richtte en precies begreep hoe verdrietig en eenzaam ik me voelde. Ik was op zoek naar een emotionele wegenkaart die me leidde en me hielp om de jaren van buitengesloten zijn te doorstaan. In het werkelijke leven had niemand me geleerd hoe ik met verlies en verlatenheid moest om-

gaan, maar ik ontdekte dat literatuur me in verbinding kon brengen met iets dat veelomvattender was dan mijn eigen leven, en ik was verrukt.
In de vijfde klas moest ik een boekbespreking houden over *David Copperfield*. Ik besloot dat het de beste boekbespreking zou worden die ooit gehouden was en mijn klasgenoten zouden me eindelijk accepteren, omdat het verhaal over David Copperfields narigheid hen zo zou aangrijpen dat ze hun hart zouden openstellen. Ik maakte twee stambomen: een van Davids biologische familie en een andere van zijn waarachtige, emotionele familie. Ik vertelde hoe ongeliefd en verwaarloosd hij was. Ik citeerde de laatste, pijnlijk pathetische passage over Agnes die haar hoofd naar de hemel opricht.
De andere leerlingen waren tijdens de bespreking ongedurig en zaten met elkaar te fluisteren. Ik zag kinderen gapen, een beetje tegen elkaar glimlachen, en poppetjes tekenen in hun schriften. Toen ik klaar was en weer aan mijn tafeltje ging zitten, boog de jongen achter mij zich naar voren en zei: 'Dat was de stomste boekbespreking die ooit is gehouden, rare Chinees.'
Het enige voorbeeld dat ik kan geven van enige mate van kameraadschap met andere kinderen gedurende die tijd, was toen een van mijn weinige en altijd tijdelijke huisdieren – een geredde hazewindhond die ik van iemand van de kerk had gekregen – wachtte totdat ik in de schoolbus was gestapt en er toen achteraanrende, bijna twintig kilometer van ons huis naar de school. De andere kinderen in de schoolbus vestigden als eerste mijn aandacht op de achtervolging. 'Moet je die hond van je zien. Hij rent de bus achterna. Hij wil niet dat je weggaat.' Ik voelde een golf van liefde voor de hond in me opwellen; uit ontzag en dankbaarheid dat een ander levend wezen me belangrijk genoeg vond om over het hete asfalt en de zanderige woestijnweggetjes te rennen alleen maar om bij mij in de buurt te zijn. Ik kreeg het benauwd en mijn keel brandde terwijl ik hem door het brede achterraam van de bus in de gaten hield.
Terwijl hij gestaag, met lange sprongen, achter de bus verder ren-

de, zijn tong uit zijn bek hangend en met zijn dunne poten wolken stof opwerpend, moedigden de kinderen in de bus hem aan. 'Goed zo! Brave jongen! Wauw, die hond van jou is echt te gek.' Ik voelde me op dat moment bijna geaccepteerd door de kinderen. Omdat ze mijn hond bewonderden – en mijn hond duidelijk van mij hield – hadden ze het eigenlijk tegen mij. We waren eendrachtig in het kijken naar mijn te gekke hond die achter de bus aan rende.
Eenmaal op school gaf ik hem wat water terwijl de kinderen om ons heen kwamen staan, hem klopjes op zijn hoofd gaven, zijn gladharige flanken aaiden en me vragen over hem stelden. Hij kwispelde beleefd, maar bewaarde zijn likken en besnuffelingen voor mij. Ik belde mijn ouders op om te vragen of ze hem op school wilden ophalen.
Dat deden ze, maar toen ik die middag uit school thuiskwam, was de hond weg. 'We kunnen niet de hele schepping afrennen om die hond op te halen,' zeiden ze. 'Hij hoorde hier te blijven. Hij veroorzaakte te veel last.'
Ik kwam erachter dat mijn ouders die mooie hond naar het asiel hadden gebracht en ik stond doodsangsten uit over zijn lot: weer afgedankt, opgesloten in een kooi, waarschijnlijk ongewenst en bang op sterven liggend. Ik beloofde mezelf dat ik een kind van mezelf op een dag een huisdier zou geven dat hem of haar nooit zou worden afgepakt.

Mijn ouders waren de onderwijzers; hun huis was de klas. Ieder moment van iedere dag werden de lessen er ingehamerd: de bijbel is letterlijk het woord van God; Christus is de enige verzoening voor onze zonden; angst of verdriet of woede of nieuwsgierigheid of verlangen is van de duivel; aan gehoorzaamheid moet onmiddellijk, onvoorwaardelijk en absoluut gevolg worden gegeven.
Het frustreerde hen dat ik voor zoveel dingen bang was. Gedurende eindeloze sessies in de woonkamer na de gezamenlijke 'godsdienstoefeningen' 's avonds, of lezen in de bijbel of bidden,

legden ze me uit waarom mijn angst zo zondig was. Ik had Mattheüs 10:28 uit mijn hoofd moeten leren: 'En weest niet bevreesd voor hen die wél het lichaam doden, maar de ziel niet kunnen doden; weest veeleer bevreesd voor Hem die beide, lichaam en ziel, kan verderven in de hel.'
En wat zou er gebeuren als God besloot dat hij een eind aan mijn leven zou maken? Daar had de bijbel ook het antwoord op: 'Wil Hij mij doden, blijf ik op Hem hopen.'
Ik was me sterk bewust van mijn vele gebreken. In Korea was ik minder dan menselijk. Nu was ik minder dan christelijk. Ik wist dat ik voor niemand goed genoeg was, en ik voelde me volstrekt wanhopig. Ik kon niet voldoen aan de maatstaven van wie dan ook. Mijn ouders zeiden tegen me dat ik uit Korea gered was om naar Gods beeld en gelijkenis herschapen te worden, maar ik was een stuk klei dat niet kneedbaar genoeg was.
Hoewel dit alles misschien mag klinken alsof ik in herhalingen verval, doet het op geen enkele manier recht aan de afstompende eentonigheid van mijn leven in dat gezin. Ik was in een tredmolen terechtgekomen die eindeloos op hetzelfde thema doordraaide.

Meer en meer werden boeken mijn redding. Ik begon te verslinden wat er maar voor handen was op de boekenplanken bij ons thuis. De werkkamer van pa stond vol boeken, in kasten van de vloer tot het plafond met daarin verzamelde preken, theologische verhandelingen en een stuk of vijfentwintig bijbels: familiebijbels, geërfde bijbels, gekregen bijbels, de Nieuwe Amerikaanse Standaardbijbel, de Engelse King James, Hebreeuwse en Griekse. Maar zo hier en daar stonden er ook juweeltjes tussen: Shakespeare en Austen en Dickens, om er maar een paar te noemen. Lezen werd de manier waarop ik ontsnapte aan de akelige beperkingen van het leven in dat streng protestants-christelijke gezin in een kleine plaats in een uitgestrekte, desolate woestijn.
Toen ik een jaar of tien was, ging ik met mijn ouders op bezoek

bij een vrouw van de kerk. Ik haatte deze bezoeken aan invaliden die aan huis waren gebonden, en waar ik volkomen stil moest zitten en glimlachen en luisteren naar banale gesprekken van volwassenen en net doen alsof ik geïnteresseerd was. Maar deze keer gebeurde er iets wonderbaarlijks.
De vrouw die we bezochten, woonde in een trailer die vol snuisterijen stond: porseleinen poesjes met strikken in Schotse ruiten om hun nek en decoratieve borden op standaards. In deze chaos lag ook een dun gedichtenbundeltje met harde kaft en pagina's die eruitzagen alsof ze nooit belezen waren. Ik vroeg of ik het mocht lezen en de vrouw zei dat ik het mocht inkijken als ik er maar geen vlekken of scheuren in maakte. Ik nam het boekje mee naar de keukentafel en legde het angstvallig op een plastic placemat die de vorm van een vlinder had.
Die middag veranderde mijn leven. Terwijl ik daar in die volgepropte ruimte zat, met stofdeeltjes die in het zonlicht dansten, ontdekte ik dat ik niet alleen was.
Het gedicht dat ik las was geschreven door iemand die net een innig geliefde kameraad had verloren en jarenlang is het me bijgebleven. 'Wat betekent het leven voor mij? En wat beteken ik voor het leven?/Een schip wiens ster is gedoofd. Een angst die diep in de nacht wakker schrikt'... waren de enige twee regels die ik me kon herinneren. Ik wist niet wie de auteur was. Ik kwam zelfs zover dat ik bijna geloofde dat ik die regels zelf verzonnen had.
Als tiener ging ik op zoek naar dat gedicht, naar de auteur. Maar in de bibliotheek van ons stadje stonden maar een paar gedichtenbundels, en in geen van alle vond ik wat ik zocht. Niettemin bleef ik erop azen.
Na mijn eerste ontmoeting met de poëzie probeerde ik zelf gedichten te schrijven. Ze waren vrij slecht, maar mijn onderwijzers vonden ze aardig en meestal werden ze op mijn lagere school op het prikbord opgehangen. Ik waagde me aan haiku's en limericks en schreef over de onderwerpen waar onderwijzers de hoogste cijfers voor gaven: over regen, zonsondergangen en vrede op

aarde. De echte poëzie van de rauwe emoties hield ik voor mezelf en alleen ik las wat ik in mijn dagboek schreef:

Jullie zeggen dat ik lelijk ben
Jullie zeggen dat ik hier niets te zoeken heb.
Ik heb me ieder woord laten welgevallen
Iedere verhardende druppel pijn.
Het leven heeft de feiten geperst
door mijn toegeknepen keel.
Leven, je kunt me dwingen het leed
te slikken totdat ik stik.
Dus ik huil omdat het leven niet eerlijk is?
Het spijt me, kreng, maar het is niet anders.
Ik ben de vreugde op aard niet waard
Liefde is niet voor me weggelegd.

God is Goed, zeggen ze.
Ik betwijfel het.
Ik denk dat God ook weleens een krankzinnige wetenschapper
in een witte labjas zou kunnen zijn
die experimenten doet met mensen in kooien.
Misschien lacht hij terwijl we rondrennen,
almaar schreeuwend.
Misschien maakt hij aantekeningen met kopjes als:
'controlegroep'
'testgroep'
ons gadeslaand terwijl we stilletjes in een hoekje
zitten te huilen en op onze vingernagels bijten.
Of misschien ligt hij te slapen in zijn kamer boven
onder het zijden baldakijn van zijn hemelbed,
terwijl wij onze pijn uitbrullen in de kelder,
wegkwijnend in onze verroeste kooien,
volledig vergeten door God de Krankzinnige Wetenschapper.

We hebben geen benul van het lijden van anderen.
Ik vel een oordeel over jou, jij over mij; we kijken achterdochtig
naar haren of kleren of huid en of je glimlacht of niet.
Ik vind dat jij te hard lacht en ik walg van jouw muziekvoorkeur.
Jij vindt dat ik te veel praat en jij walgt van de laarzen die ik draag.
En de hele tijd huilen we en huilen we en huilen we vanbinnen.
We bespieden, doodsbang, een wereld die ons niet kent,
en verlangen naar iemand die ziet hoe beminnelijk we zijn.
We lopen langs elkaar heen, gezichten angstvallig geplooid tot onverschillige maskers.
Jouw pijn schreeuwt naar de mijne; mijn hart doet net zo zeer als het jouwe.

Eén keer hebben mijn ouders mijn dagboek gevonden, toen ik in de zesde klas zat, en toen had je de poppen aan het dansen. Het was zo'n dagboek met een slotje op de gesp en ik was zo naïef om te denken dat het alleen opengemaakt kon worden met het sleuteltje dat ik onder mijn matras bewaarde.
Maar alleen een beetje friemelen aan het mechanisme was al genoeg om het open te krijgen, en toen ik uit school thuiskwam, zaten mijn ouders me met een stalen gezicht op te wachten. Pa had het dagboek geopend en ze hadden het niet alleen gelezen, maar hadden ook een afspraak met het hoofd van mijn school gemaakt om hem deelgenoot te maken van wat ze hadden ontdekt en om te zorgen dat ik gestraft werd voor de dingen die ik over mijn onderwijzers en klasgenoten had geschreven.
Ik had geschreven dat ik 'tongzoenen' oefende op mijn kussen zodat ik er op een dag goed in zou zijn. Ik had over mijn onderwijzeres in de zesde klas geschreven dat ze gaaf was omdat ze 'verdomme' zei. Ik had geschreven over een meisje die mij 'lelijke spleetoog' had genoemd en dat ik hoopte dat ze naar de

hel zou gaan en in eeuwigheid branden.
Nadat ik een volgens mijn gevoel urenlang durende tirade van mijn ouders had moeten aanhoren over mijn zondige karakter, werd ik naar mijn kamer gestuurd om de bijbel te lezen. Ik kreeg geen slaag voor wat er was gebeurd, maar ze bedachten een nog veel ergere straf. De volgende dag meldden mijn ouders en ik zich in de kamer van het schoolhoofd waar ik hem moest voorlezen wat ik had geschreven. We zaten voor zijn bureau en ik las met trillende stem en handen de passages voor. Verschillende keren probeerde hij me te onderbreken, maar mijn ouders zeiden dan dat ik nog niet helemaal klaar was. Ik denk dat hij zich in het nauw gedreven voelde door de hele geschiedenis: hij leek met me te doen te hebben en mijn ouders wat nors te bejegenen. Niettemin moest ik, op aandringen van mijn ouders, een week lang nablijven op school.
Mijn ouders leverden geen commentaar op de gedichten die ik in mijn dagboek had geschreven, ook al stonden er 'slechte woorden' en blasfemistische toespelingen op God in. Ik geloof niet dat ze ze gelezen hebben, omdat ze in versvorm waren. Voor poëzie hadden ze volstrekt geen belangstelling; ik weet zelfs niet of ze het als zodanig herkend hebben.
De troost die ik in poëzie vond was reëel en aards, of het nu om mijn eigen klungelige verzen ging of om prachtige sonnetten van Shakespeare zoals: 'Farewell! thou art too dear for my possessing' (Vaarwel je bent nu te kostbaar voor mij). Ik ontdekte dat het thema 'verlies' universeel was, en dat gaf me een minder eenzaam gevoel. Ik ontdekte dat alle pijn die ik in mijn leven had gevoeld door talloze anderen in talloze mensenlevens in het verleden was gevoeld en gevoeld zal worden door mensen in het leven dat hen nog te wachten staat.
Poëzie bracht me voor het eerst in contact met het idee dat pijn misschien wel beschouwd kan worden als 'de pijn' en niet als 'mijn pijn'. Dat verdriet en eenzaamheid en verlatenheid *la condition humaine* zijn en niet exclusief een hoedanigheid van mij.
Ondertussen bleef ik proberen me aan te passen. Ik hield in de

gaten hoe Amerikanen zich bewogen, praatten, hun handen gebruikten; en ik werd een meester in het imiteren. Mijn inzicht in de taal was beter dan dat van de kinderen die in Amerika waren geboren en met wie ik op school zat. Waarom kon mijn gezicht dan ook niet veranderen? Waarom konden die Aziatische ogen niet rond en blauw worden? Waarom kon mijn versmade haar niet blond worden? Waarom kon mijn stompe, korte neus niet een meer hoekige belijning krijgen?

Bij hoogtepunten op school stond ik op het toneel – zingend of iets declamerend of voor een prijsuitreiking – en keek naar de kleine, zelfvoldane verzameling gelijksoortige, blanke Amerikaanse kinderen, en haatte ze stuk voor stuk. En dan waren er altijd wel een paar die mij aankeken terwijl ze met hun vingers hun ooghoeken omhoog en naar buiten trokken om daarmee de zonderling die voor hen stond te bespotten.

Verborgen achter in mijn slaapkamerkast, achter de doos met de lapjes voor quilts die ik iedere week omzoomde voor de Vrouwenzendingsvereniging van onze kerk, lag mijn geheim.

Ik had een blonde pruik gemaakt door uiterst nauwkeurig strookjes papier te knippen die allemaal even breed en lang waren, en die ik aan beiden kanten gekleurd had met een geel kleurpotlood. Ze zaten aan één kant aan elkaar genaaid en ik drapeerde de blonde waterval op mijn hoofd wanneer ik alleen op mijn kamer was. Ik werd dan een in Amerika geboren meisje, met een gezicht dat me het geboorterecht verschafte om algemeen geaccepteerd te worden. Mijn naam was Cindy. Ik zat bij de cheerleaders. Ik had wat sproeten op mijn neus en mijn ogen waren zo blauw als vergeet-mij-nietjes. Ik was lang en slank en aan de muur van mijn slaapkamer hingen mijn cheerleaderpompons, een schoolvaantje en foto's van leuke jongens die uit tijdschriften waren geknipt. Op mijn nachtkastje stond een hippe, roze telefoon, waarnaast een adresboekje met een kaft van vinyl lag dat vol telefoonnummers stond: ik was het populairste meisje van de school. Mijn klerenkast was een rommeltje en zat volgepropt met broekrok-

ken, minirokken en andere bij elkaar passende outfits en schoenen.
In werkelijkheid hingen aan de muren van mijn slaapkamer alleen maar religieuze prenten. Op het nachtkastje lag een bijbel en stond een lampje. Tijdschriften waren verboden, ook al had ik geld bij elkaar kunnen scharrelen om ze te kopen. Ik maakte mijn eigen jurken van stof uit een goedkoop warenhuis waar ma vaak spullen kocht en ik droeg ze tot ze echt op waren. Vanwege de regels voor hoe een christen zich diende te kleden en die mijn ouders hadden vastgesteld, waren mijn jurken onelegant en alledaags. Het was eind jaren zestig en de mode dicteerde minirokken, kniehoge laarzen, strakke heupspijkerbroeken en topjes. Mijn jurken kwamen tot halverwege mijn kuiten. Ze hadden pofmouwen en ronde halzen.
Op school waren deze jurken een bron van vermaak.
Ik had bij de kerk leren naaien, op de bijeenkomsten van de Vrouwenzendingsvereniging op zaterdagmiddag. We maakten quilts, babykleertjes en basiskleding zoals klokrokken die naar zendingsposten werden gestuurd. Onder begeleiding van de vrouwen van de kerk leerde ik hoe je figuurnaden moest maken, ritsen inzetten, overhands genaaide knoopsgaten naaien en beleg aanbrengen. Toen ik een jaar of dertien was, maakte ik zelf al mijn kleren behalve ondergoed.
Ik vertelde mijn ouders dat de kinderen op school de draak met me staken en hoe ze me geheel buitensloten. Ik dacht dat de manier waarop ik gekleed was een van de redenen daarvoor was, dus vroeg ik of ik voor iemand in de kerk mocht babysitten om wat extra geld te verdienen voor kleren. Ik wilde broekrokken en spijkerbroeken en sweatshirts, zoals iedereen droeg, in plaats van de jurken met bloemetjespatroon van no-iron polyester. Pa vond de vraag belachelijk en maakte zich er kort en bondig van af. 'Waarom ben je zo gefixeerd op aardse begeerten? "De mensen beoordelen iemand naar zijn uiterlijk, maar de Here ziet het hart aan." Zorg jij maar dat je hart rein is. Hoe anderen over je denken doet er niet toe. "Want God wederstaat de hoovaardigen,

maar de nederigen geeft hij genade." En bovendien ligt je werk hier thuis en in de kerk. Je hebt geen tijd om in de huizen van andere mensen te werken.'
Mijn ouders besloten dat ik, omdat ik kennelijk een goddeloze obsessie voor kleren had, een les in nederigheid nodig had. Bij het eten die avond schreef ma een nieuwe regel voor.
'Je vader en ik hebben God aangeroepen over hoe we je je aardse houding tegenover kleren kunnen afleren. Vanaf nu mag je per week één jurk aan. Je kunt de ene week de ene jurk dragen en de volgende week een andere, maar van maandag tot en met vrijdag draag je dezelfde. Op zondag kun je je nette jurk aan.'
Ik was geschokt. Het was niet bij me opgekomen dat ze zoiets zouden kunnen opperen. Ik besefte dat ik een enorme tactische fout had gemaakt en begon in paniek terug te krabbelen.
'Alstublieft, dat niet. Ik zal geen aardse houding tegenover kleren meer tonen, ik beloof het. Ik zal nooit meer iets vragen. Alstublieft, alstublieft, alstublieft. De kinderen zullen zo verschrikkelijk de draak met me steken. Ik ga dood als ik zoiets moet doen.'
'Zie je nou wel? Dit is precies wat we bedoelen met jouw aardse houding. Je zou blij moeten zijn dat je überhaupt een mooie jurk hebt om te dragen. Kinderen in Korea hebben niet eens een mooie jurk zoals jij. Ze zouden er dankbaar voor zijn. We hebben je uit het weeshuis gehaald en je alles gegeven wat je nodig had, en je wilt nog steeds meer. Als andere kinderen de draak met je steken, zou je dat als een zegen moeten beschouwen. Je wordt net als Jezus gekastijd zodat je in zijn eeuwige heerlijkheid kunt delen.'
Ik had twee klassen overgeslagen dus ik was al een paar jaar jonger dan de meeste van mijn klasgenoten, en ze leken lichtjaren op me voor wat hun wereldwijsheid betrof. Ik wist dat ik nooit een van hen zou worden. En na een poosje staken ze niet meer de draak met mijn jurk. Ze negeerden me gewoon.
Vanaf die tijd tot en met de derde klas van de middelbare school droeg ik vijf dagen per week dezelfde jurk. Toen ik naar de vierde klas op een andere middelbare school ging, werden mijn ou-

ders minder streng en mocht ik vijf outfits maken, één voor iedere dag van de schoolweek. Het waren nog steeds onelegante jurken, maar het waren er tenminste vijf.

Toen ik ouder werd, werd ik steeds banger voor God en voor zijn waslijst met eisen. De bijbel zegt: 'Gij dan zult volmaakt zijn, gelijk uw hemelse Vader volmaakt is.' Dat leek ondoenlijk. Ik moest de hele tijd om vergeving vragen, omdat zelfs je gedachten beoordeeld werden. Je deed het nooit goed. Als ik boos werd maar het me lukte om mijn woorden in te slikken, moest ik toch om vergeving vragen voor de boze gedachte. En als ik me trots voelde dat ik geen boze woorden had gesproken, moest ik vergeving vragen voor mijn trots. Als ik een seksuele gedachte had, moest ik daarvoor om vergeving vragen. Maar vragen om vergeving deed me weer aan de gedachte denken, dus kon ik mijn geest er nooit helemaal van bevrijden. Het was een vicieuze cirkel waar geen ontsnappen aan was.
Mijn grootste angst was dat ik onverwachts dood zou gaan voordat ik de kans had gekregen om vergeving te vragen voor de laatste zondige gedachte, en dat ik dan naar de hel zou gaan.
In onze kerk kreeg het onderwerp hel een heleboel aandacht. In de hel, werd me verteld, was het een en al geweeklaag en geknarsetand, en de verdoemden werden in de poel des verderfs geworpen waar ze eeuwig zouden branden, en die was heter dan je je ooit zou kunnen voorstellen. De mensen daar konden zien hoe het in de hemel toeging, dus werd hun leed nog eens versterkt doordat ze toeschouwer van een onbereikbare gelukzaligheid moesten zijn. Ik begreep dat gevoel wel; ik was het grootste deel van mijn leven al toeschouwer van onbereikbare gelukzaligheid geweest.
Mijn ouders zeiden dat iedereen in de hel wist dat hij bij Jezus in de hemel had kunnen zijn, als ze hem maar hadden aangenomen. Maar als ze door omstandigheden nooit van hem hadden gehoord, vond ik dat zo afschuwelijk oneerlijk, wat mijn ouders dan ook over predestinatie mochten zeggen.

Soms vroeg ik me af of God zich ergens alleen maar een hoedje zat te lachen terwijl wij als bezetenen probeerden zijn onmogelijke regels op te volgen. Ik probeerde die gedachte het zwijgen op te leggen omdat alles was onderworpen aan mijn angst voor Gods oordeel, ook al was het een rationele gedachte.

Als ik me opstandig voelde, probeerde ik de kwestie waar het om draaide logisch met mijn ouders te bespreken: ik zei tegen hen dat ik dacht dat predestinatie gewoon een ander woord voor vooroordeel was; kennelijk was het een en dezelfde God die de Koreaanse regel had gemaakt dat kinderen van gemengd bloed minder dan menselijk waren én de Amerikaanse regel dat alleen wedergeboren christenen naar de hemel kunnen. Ze zeiden dat ik me schuldig maakte aan godslastering.

Het kwam zelfs zover dat ik me bijna voortdurend schuldig aan iets maakte – aan zonden door doen of laten – maar ik zocht nog steeds naar manieren om mijn niet tevreden te stellen ouders tevreden te stellen. Eén manier om hen gunstig te stemmen was piano studeren. Ze hadden grootse plannen met mij op muziekgebied: ik denk dat ze wilden dat ik een rondreizende muziekzendelinge werd, die tegelijkertijd de boodschap van Christus en de klassieke muziek verspreidde.

Ik kreeg nog steeds iedere dag pianoles van pa en begon toen ik een jaar of tien was in de kerk te spelen. Niettemin was de vleugel een permanente bron van angst voor me, of ik nu thuis in aanwezigheid van mijn ouders oefende of in het openbaar optrad. Ik vond het niet erg om de hymnen in de kerk te spelen, omdat iedere redelijk bedreven pianist dat kan, maar ik haatte recitals.

Pa gaf me tamelijk vaak vrijwillig voor recitals op, of in de kerk of in het gemeenschapscentrum. Toen ik twaalf was speelde ik een keer Beethovens *Pathétique* – alle drie de delen van de sonate uit mijn hoofd – en ik zat voortdurend onbedaarlijk te trillen. Mijn uitvoering was tot het derde deel redelijk verlopen, maar toen maakte ik een fout in de vingerzetting van een arpeggio. In een ooghoek zag ik pa zijn hoofd schudden terwijl hij zijn strakke blik ineens van mij naar de grond wierp, en de moed zonk me in de schoenen. Als het recital afgelopen zou zijn, zou hij niets tegen me zeggen. De bekende golf van eenzaamheid en misselijkheid overspoelde me weer.

Voordat ik het wist, was ik het dienstmeisje voor dag en nacht en de kok in ons gezin. Ik leidde een beschaafder slavenleven dan het slavenleven waarvoor Omma me had behoed, maar alle dagelijkse werkzaamheden – van het boenen van de toiletten tot het klaarmaken van alle maaltijden – werden aan mij overgelaten.

Het contrast tussen de twee moeders in mijn leven was enorm: Omma werkte dag na dag heel hard maar hield alles netjes schoon en vond ook nog tijd om haar kind te vertroetelen. Ma deed zo goed als niets behalve op de bank liggen en zich optutten voor kerkelijke plechtigheden.

Ik besefte dat andere kinderen niet hetzelfde in huis hoefden te doen als ik – ik hoorde kinderen op school bijvoorbeeld praten over wat hun moeders de avond daarvoor te eten hadden gemaakt – en ik werd door jaloersheid verteerd.

Uiteraard werd ik, omdat jaloezie een zonde was, ook door schuldgevoelens verteerd.

Negen

Net toen ik dacht mijn ritme te hebben gevonden in de bezigheden in huis en ze onder de knie te hebben, kwam de moeder van ma bij ons wonen. Ik zat in de vijfde klas van de lagere school en vond dat zij de verpersoonlijking was van de slechtste eigenschappen van mijn ouders. Alles aan hen wat mij pijn deed, was in haar uitvergroot aanwezig. En volgens haar was het zo klaar als een klontje dat mij adopteren de grootste fout was die mijn ouders ooit hadden gemaakt. Op een dag na een les seksuele voorlichting op school was ik een en al kinderlijke nieuwsgierigheid en vroeg aan ma of ze met pa gemeenschap had. Grootmoeder wendde zich triomfantelijk tot ma en zei: 'Zie je nou wel? Ze is volledig ontaard. Dat krijg je er nu van.'
Grootmoeder had niet gewild dat ze een Koreaans kind adopteerden. Ze vond iedereen die niet blank was een barbaar, en ze was heel erg trots op het blonde haar en de blauwe ogen die in haar familie voorkwamen. Ze sprak over mijn ogen als 'modderkleurig'. Haar bekrompen arrogantie sijpelde door in alles wat ze deed. Voordat ze bij ons introk, woonde ze in een huis niet zo ver weg waar ze een zwarte tuinman in dienst had. Hij mocht niet in huis komen, hoewel ze toegaf dat hij 'een goede werker' was. Op vrijdagmiddag, voordat hij naar huis ging, gaf ze hem een flesje 7-Up dat hij op de veranda achter opdronk. Hij kreeg

een flesje omdat grootmoeder zei dat ze niet wilde dat een kleurling haar goede tumblers van geslepen glas vies maakte.
Ik besloot dat ik net als hij wilde worden: hij had een licht ironische humor en hetzelfde respect voor de natuur als Omma had gehad.
In mijn ogen was het een aardige, grappige man die me als een gelijke behandelde. In de ogen van mijn grootmoeder was hij alleen maar op aarde om geëxploiteerd te worden. Hij zei nooit iets als grootmoeder hem zijn flesje 7-Up gaf, maar mij keek hij dan met een uitgestreken gezicht aan en trok één wenkbrauw op, en dan barstte ik in lachen uit. We praatten met elkaar over hoe grappig mensen waren en over bloemen.
Ik besloot dat ik mijn 7-Up ook uit een flesje wilde drinken en een overall dragen en leren hoe je rozen moest snoeien. Grootmoeder was diep geschokt en vertelde het aan mijn ouders die uitlegden dat in een beschaafde maatschappij bepaalde fatsoensnormen in acht moesten worden genomen.
Hoewel ik niet wist wat die fatsoensnormen waren, begon ik in te zien dat ik zelfs in Amerika niet de enige was die buitengesloten en gehaat werd alleen maar omdat je er niet hetzelfde uitzag als de mensen om je heen.

Grootmoeder was een kleine, stevige vrouw. Ze was ongeveer een meter vijftig en droeg steunkousen en orthopedische veterschoenen. Ze liet haar haren iedere week doen bij de enige schoonheidssalon in het stadje en ze deed iedere dag een onlangs gestreken jurk aan. Ze was niet gediend van zwarten, Aziaten, joden of hippies. Ze zei vaak dat de wereld op zijn ondergang afstevende.
Alleen in de kerk, waar ze een vaste plaats had op de tweede rij banken, glimlachte ze. Haar als heilig beschouwde kussen bleef daar altijd liggen en wee de ongelukkige vreemdeling die daar per ongeluk op ging zitten.
Nadat ze een lichte beroerte had gehad, besloot grootmoeder om bij ons in te trekken. Haar man, die ik nooit heb ontmoet, was

al vele jaren dood. In ons huis regeerde ze met haar vermagerde, ijzeren vuist en allebei mijn ouders gehoorzaamden haar. Ik kwam er later achter dat ze hen het geld had geleend om hun huis te kopen, op voorwaarde dat ze bij hen kon komen wonen. De enige televisie in huis bevond zich in haar kamer waarin ook een gestoffeerde leunstoel en een ottomane stonden.
Met grootmoeders komst werd mijn al omvangrijke lijst dagelijkse werkzaamheden in huis uitgebreid met alles waaraan zij behoefte had. Hoewel niets haar tegenhield om voor zichzelf te zorgen, beschouwde ze iedereen om haar heen – vooral degenen die niet van zuiver Arisch ras waren – als haar bediende.
Ik moest haar helpen met wassen en aankleden en het schoonmaken van haar kunstgebit. Dat ik zo dicht bij haar in de buurt moest verkeren, deed me kokhalzen. Ik haatte haar muffe geur, haar klepperende tanden en haar hautaine manier van doen. Ze liep met een stok en als ik niet snel genoeg deed wat ze wilde, of als ik haar in de weg zat, sloeg ze ermee tegen mijn benen. Ze las me voortdurend de les. Ze zei dat ik langzaam, opstandig en onhandig was.
Grootmoeder zei vaak tegen me dat mensen 'hun eigen soort niet afvallig moesten zijn', en dat rassenvermenging nooit zou werken. Ze zei dat het erg jammer was dat ik nooit zo mooi zou worden als een Amerikaans kind. Nadat ze dat een keer gezegd had, beweerde ze dat ik 's nachts was opgestaan, naar de badkamer was gegaan, haar kunstgebit uit het glas met bruisende Polident bij de wastafel had gehaald en boven op het medicijnkastje had gelegd. Na een lange, verwoede zoektocht die ochtend had ma haar gebit namelijk pas gevonden.
'Zal ik u eens wat vertellen, grootmoeder,' zei ik toen. 'Als mensen oud worden, dan beginnen ze soms een beetje gek te worden en dan gaan ze dingen op rare plekken leggen. Ik denk dat u dat nu is overkomen. Het is erg jammer dat u nooit meer jong en pienter zult zijn.'
Grootmoeders slaapkamer lag naast de mijne en we deelden de badkamer die in verbinding met haar kamer stond. Haar kamer

was groot en zonnig, maar ze hield de gordijnen gesloten omdat ze grauwe staar had en last van het licht had. Ze zat de hele dag in de luie stoel naar *As the World Turns* of *General Hospital* te kijken. Zo nu en dan riep ze me dat ik iets moest brengen: een glas water, een zakdoek, of de televisiegids en haar vergrootglas.
Mijn kamer had één raam, maar ik moest de gordijnen dicht houden omdat het zonlicht de meubels zou verkleuren. Omdat het meubilair alleen maar bestond uit het nep-antieke hemelbed en de ladenkast die allebei uit een goedkoop warenhuis kwamen, begreep ik niet goed waarover ze zich druk maakten. Niettemin deed ik wat me gezegd werd.
Onze gedeelde badkamer was oorspronkelijk gebouwd als badkamer bij de ouderslaapkamer en er hingen twee wasbakken naast elkaar. De medicijnen van grootmoeder, het glas voor haar kunstgebit, haar oogdruppels en haar epsomzout namen het grootste deel van het plankje onder de spiegel in beslag. Ik haatte het om hetzelfde toilet als zij te moeten gebruiken of mijn handen af te drogen aan dezelfde handdoek.
Ongeveer in die tijd begon ik mezelf op kleine daden van verzet te trakteren. Mijn houding tegenover mijn familie veranderde langzamerhand: ik was er niet meer volledig op gericht om hun een plezier te doen. In plaats daarvan zocht ik naar manieren om mezelf een plezier te doen. Ik begon ook een gezonde verachting te voelen voor veel dingen die ik ooit zonder meer had geaccepteerd. En ik begon een gevoel voor humor te ontwikkelen, ook al was ik de enige die om mijn grappen moest lachen. Ik haalde soms streken met grootmoeder uit waar ik hysterisch om moest lachen, maar die me ook in de problemen brachten.
Grootmoeder was bijvoorbeeld ontzettend bezitterig wat de leunstoel voor haar televisie betrof. Niemand anders mocht erin zitten, omdat ze zei dat de kussens 'precies goed' geschikt waren en ze wilde niet dat ze van hun plaats kwamen. Ik had een pop die bijna even groot was als ik. Het was een kerstcadeau geweest en zou naast je mee moeten lopen als je haar hand vasthield. Het loopmechanisme had nooit gewerkt en de pop was te groot en

te onhandelbaar om mee te spelen, dus stond ze meestal achter in de kast weggestopt.
Op een dag, terwijl grootmoeder in de badkamer was, zette ik de pop in haar leunstoel, met op haar hoofd een pluizig, zwart hoedje van ma. Ik draaide de stoel zodat slechts een deel van de pop vanuit de deuropening zichtbaar was. Omdat grootmoeder last van staar had, dacht ik dat ze de pop voor mij aan zou zien en denken dat ik in haar stoel zat. Ik verborg me in haar kast en wachtte.
Ik hoorde de deur van de badkamer opengaan en grootmoeders stok op de vloer bonken. Ze opende haar slaapkamerdeur en stopte, en ik keek naar haar door de tien centimeter brede opening van de kastdeur. 'Elizabeth! Kom onmiddellijk uit mijn stoel, jongedame! Je weet dondersgoed dat je daar niet mag zitten. Nu heb je mijn kussens verprutst. Hoor je me? Ik zei, kom eruit. Ik heb nog nooit zo'n slecht kind meegemaakt. Je zult een straf krijgen zoals je er nog nooit een hebt gehad, miss Ongehoorzaam.'
Grootmoeder was woedend. Haar kunstgebit schoot los en klapperde terwijl ze tegen de pop schreeuwde. Ik drukte mijn hand tegen mijn mond zodat ik niet hardop zou lachen. Ze strompelde verder, tilde haar stok op en sloeg de pop op haar arm waarbij ze voortdurend tegen haar bleef kijven. De pop wankelde even en kantelde toen. De zwarte, pluizige hoed viel op de grond en de pop kieperde om en viel op haar hoofd. Grootmoeder schreeuwde en liet haar stok vallen. Ik kwam uit de kast, lachend. Mijn ouders stormden naar binnen en toen ze doorkregen wat er was gebeurd, kreeg ik wat grootmoeder noemde 'een pak rammel om de duivel uit te drijven'. Maar hoewel ik een paar dagen overal pijn had, was het de grap waard.
Omdat grootmoeders wereld om haar televisie draaide, deden mijn grollen dat ook. Ik deed kleine, boosaardige dingen: ik sloop haar kamer binnen telkens wanneer ze opstond om naar de wc te gaan – wat ze tamelijk vaak deed – en zette de tv op een ander kanaal. Als ze dan terugkwam, begon ze zachtjes te moppe-

ren, hees zich weer op uit de stoel en hobbelde naar de televisie om het juiste kanaal op te zetten. 'Hoe kan dat nou? Die idiote tv springt steeds op een ander kanaal. Ik ga binnenkort een reparateur bellen.'
In de kerk was grootmoeder minzaam en aardig, hoewel op een wat zure manier, en mensen maakten tegen mij opmerkingen over haar. 'Ach, wat is je grootmama toch een lief mensje! Ze zit als een koninginnetje op haar eigen plekje. Ik wil wedden dat je dol bent op je grootmoeder, hè?' Ik nam meestal niet eens de moeite om te knikken... ik keek degene die dat zei dan alleen maar ongelovig aan. Hoe kon iemand van die verdorde, boosaardige, ouwe heks houden?

In de reacties van ma op grootmoeder zag ik zich hetzelfde drama van dominantie en schaamte van een generatie eerder voltrekken. Jaren later herinnerde ik me weer de vernederende en beledigende manier waarop grootmoeder tegen ma had gesproken en besefte ik dat heel veel van wat ma tegen mij deed een echo van haar eigen jeugd was. Pas toen mijn eigen dochter was geboren, werd ik noodgedwongen geconfronteerd met wat ik wist van het moederschap. Hoewel Omma me liefde en waardering had gegeven, was ze ook al heel vroeg uit mijn leven verdwenen. Het is die korte periode van onvervalste liefde geweest die voor mij model stond voor het moederschap. Maar het was een onvolledig model. Er waren slechts flarden warmte waaraan ik me kon vasthouden en de rest van het proces moest ik mezelf aanleren.

Eenmaal per week ging grootmoeder uitgebreid in bad. Op zaterdagavond liep ze de badkamer in en deed al haar kleren uit die ze op een hoopje op de grond liet liggen dat ik mocht oprapen. Daarna hield ik haar arm vast terwijl ze in het bad stapte en op een plastic krukje ging zitten. Ik gebruikte een kan om haar af te spoelen en zeepte dan haar washandje in met een stuk Palmolive-zeep. Ik waste haar, beginnend bij de nek en zo naar beneden. Ze tilde haar armen op zodat ik haar oksels kon wassen en kwam dan een stukje omhoog, terwijl ze zwaar op mijn schouders leunde, zodat ik haar billen kon wassen. Ik werd misselijk van haar geur. Ik hield mijn adem in en wendde mijn ogen af, en draaide om de paar seconden mijn hoofd om om longenvol lucht in te ademen.

Ze praatte de hele tijd tegen me: 'Zorg dat je mijn rug goed boent. De vorige keer heb je een plekje overgeslagen. Sta stil als ik op je leun. Ik val nog als je niet voorzichtig bent. Mijn achterste doet zeer. Zorg dat je dat nauwkeurig afspoelt. Doe niet zo onhandig.'

Na haar bad leunde ze weer op me als ze uit de kuip stapte. Iedere keer wanneer ze op me leunde, of dat nu was als ze in bad stapte of eruit, of wanneer ze in of uit de auto stapte, perste ze haar vingernagels in de uithollingen rond mijn schouders en sleutelbeen. Grootmoeder was een knokige vrouw wier verweerde huid in zakvormige plooien om haar lichaam hing. Ze was klein, maar als ze op me leunde, voelde het aan alsof ze een ton woog.

In de badkamer droogde ik haar af terwijl ik enige lagen handdoek tussen mijn hand en haar lichaam probeerde te houden. Ik deed mijn best om haar verlepte huid niet aan te raken en soms was de weerzin die ik voelde van mijn gezicht af te lezen en beet ze me toe: 'Wat mankeer je? Je ziet eruit alsof je een citroen hebt doorgeslikt.'

Ze trok schoon ondergoed en haar nachtjapon aan en ging bij de wastafel staan om haar kunstgebit te poetsen. Ik raapte haar vuile kleren op aan de randjes en legde ze in de wasmand, om ze pas weer te hoeven aanraken als ik de was deed.

Ik had gemengde gevoelens over lichamen. Ik voelde weerzin tegenover grootmoeders naakte lichaam dat ik gedwongen was op regelmatige basis te zien. Ik schaamde me voor mijn eigen lichaam en ontluikende vrouwelijkheid. Ik wist dat mijn lichaam de tempel van God hoorde te zijn, dus had ik niet het gevoel dat het mij toebehoorde. Tijdens de communie aten we het lichaam

van de Heer en dronken zijn bloed, wat nog een laag toevoegde aan mijn stapel vraagstukken met betrekking tot het lichaam.
Mijn eerste ervaring met het ontdekken van mijn lichaam en wat het kon en hoe het kon voelen eindigde grotesk. Ik was een jaar of tien. Op die leeftijd wist ik niets van sex. Mijn ouders keurden, uiteraard, alles af wat fysiek genot met zich meebracht. Sex werd alleen besproken in de context van de zonden van het vlees zoals ontucht en overspel en het afschuwelijke lot dat iedereen wachtte die zoiets deed. Ik lag op een ochtend in bed, net wakker, en begon mezelf nog half slapend aan te raken. Ik wist niet genoeg over sex om te weten dat het slecht zou kunnen zijn. Ik had het woord 'masturbatie' nog nooit gehoord. Ik had het woord 'clitoris' nog nooit gehoord. Het enige dat ik wist, was dat het een nieuwe gewaarwording was en ik wilde het nader verkennen. Ma kwam binnen om me uit bed te halen en zag waarmee ik bezig was. Ze was met afschuw vervuld en ik besefte onmiddellijk, uiteraard, dat ik iets verschrikkelijks had gedaan, maar ik wist nog niet hoe verschrikkelijk het was. Zij en grootmoeder namen me mee naar de badkamer, waar ik mijn kleren moest uittrekken en in bad stappen.
De hele tijd hekelden ze me door te zeggen dat ik smerig en walgelijk was. Ma bleef maar zeggen: 'Schaam je je niet voor jezelf? Hoe kun je zoiets doen? Ik dacht dat je een goed christelijk meisje was.' Ma hield me in het bad in bedwang, met mijn benen uit elkaar zodat ik mijn knieën niet tegen elkaar kon klemmen, en grootmoeder zette de warmwaterkraan helemaal open.
Het water was gloeiend heet en het deed ontzettend zeer. Na een paar minuten lieten ze me opstaan en beloofde ik hartstochtelijk dat ik nooit meer zoiets slechts zou doen.
Een ander voorval vond plaats toen ik ongeveer dezelfde leeftijd had. Ik was 's avonds in bad geweest en had talkpoeder op mijn huid gedaan. Ik was schoon en deed een warme flanellen pyjama aan. Ik genoot van de sensualiteit van schoon en zacht te zijn met de katoenflanel zo dicht tegen mijn huid, mijn haren nat en krullerig van de stoom in de badkamer. Ik ging naar bed en mijn

ouders kwamen binnen om te horen of ik mijn gebed wel opzei. Nadat ik dat had gedaan en hen welterusten had gezegd, flapte ik eruit wat ik op dat moment voelde.
'Het is heerlijk om dit te voelen. Ik houd ervan om schoon en warm te zijn. Ik vind het heerlijk hoe ik ruik. Ik wou dat ik getrouwd was, dan kon mijn man ook van me genieten.' Ik herinner me dat ik me dankbaar voelde dat ik dat op die manier kon voelen, om echt te genieten van mijn huid en haren en geur en zachtheid. Ik wist dat het huwelijk een 'heilige staat, door God verordonneerd' was, dat het in orde was om getrouwd te willen zijn. Mijn ouders zeiden in feite dat getrouwd zijn het levensdoel van een godvruchtige vrouw was. Dus ik dacht dat ik daarvoor God dankte in de toekomst.
Maar pa was onmiddellijk een en al kritiek en verontwaardiging. Voelde ik me wellustig? Koesterde ik zondige begeertes?
Ik wist niet eens wat wellustige gevoelens waren, maar ik voelde me schuldig en in de war. Ik was verbijsterd dat iets dat zo zuiver en heerlijk voelde mijn ouders zo boos kon maken. Ik zei: 'Nee, papa, ik voel me niet wellustig. Ik wou alleen maar dat ik getrouwd was.' Pa begon onmiddellijk vol vuur voor de vuist weg een preek af te steken: Waarom zou ik getrouwd willen zijn terwijl ik nog zo'n klein meisje was? En waarom dacht ik zelfs aan zulke dingen? En waarom was ik zo op mijn lichaam gericht? Dat zou geen tweede keer in mijn gedachten moeten opkomen. Ik zou niet zo gehecht moeten zijn aan de vleselijke lusten.
Ik hoorde dus voor de zoveelste keer dat ik iets verkeerds had gezegd, iets verkeerds had gedaan, en niet alleen dat, ik had ook iets verkeerds gevoeld. Zelfs mijn oprechte gevoelens waren verkeerd. Terwijl ik in dat gezin opgroeide, werden mijn gevoelens dagelijks aan een nauwkeurig onderzoek onderworpen. Omdat wat in ons hart zat, zoals pa betoogde, het belangrijkste was. God kende onze harten en gedachten en we werden dienovereenkomstig beoordeeld. Het was niet genoeg om het juiste te doen of om geheel zonder zonde te blijven in je daden en woorden. Je gedachten werden ook beoordeeld; daarom was zonde niet te ver-

mijden. Dus zelfs het voelen van dat moment van genot vanwege de warmte en de geur en zachtheid van mijn huid was verkeerd.
Na een lange tirade vol boosheid moest ik van pa mijn bed uit en neerknielen, en God vragen om vergeving voor mijn wellustige gedachten en voor mijn gepreoccupeerdheid met de fysieke wereld.

Vandaag de dag ben ik liever intiem met iemand dan zo ongeveer al het andere dat je kunt doen. Het gaat niet alleen maar om het genot van de sex. Waar ik van houd is de lichamelijke nabijheid. Ik kan nooit genoeg krijgen van de sensualiteit en de troost en het heerlijke van het ene lichaam dat het andere aanraakt. En zelfs als kind vond ik het onbegrijpelijk als mijn ouders over de zonden van het vlees en die van de begeerte spraken. Beiden vertelden mij terwijl ik opgroeide tamelijk vaak dat sex iets was dat hen niet interesseerde, en het was iets waar ik ook geen enkele interesse in zou moeten hebben.
Wat me verbaast is dat ik als volwassene zo gefascineerd ben door sex. Ik vind alles eraan heerlijk; ik ben me heel erg bewust van de fysieke wereld en de daarmee gepaard gaande genoegens en pijnen, en ik ben intens dankbaar voor iedere nuance in lichamelijke gevoelens.

Grootmoeder werd in de loop der jaren door nog een paar beroertes getroffen en haar gezondheid verslechterde. Uiteindelijk werd ze bedlegerig en was ze alleen nog in staat om te knikken of haar hoofd te schudden. De dag waarop ze stierf, is de enige dag geweest waarop ik ma heb zien huilen. Ik was vooral verbaasd dat ze sowieso tranen kon produceren. Op de tweede plaats was ik verbaasd dat ze ze vergoot voor iemand die zo akelig was geweest. Grootmoeder en ik zijn geen moment vertrouwelijk met elkaar geweest; ik kan me niet één gelegenheid herinneren waarbij ik me door haar geliefd of zelfs maar geaccepteerd voelde.
Ik zat op de middelbare school toen grootmoeder stierf, en ik

voelde even een moment van onvervalste vreugde waardoor ik me bijna onmiddellijk ook schuldig voelde. Ik verzachtte die schuldgevoelens door tegen mezelf te zeggen dat grootmoeder nu bij Jezus in de hemel was, dus was het oké om blij te zijn. In feite vertelde ik mezelf dat ik me voor háár blij voelde. Mijn ouders zeiden dat grootmoeder nu deel had aan de gemeenschap der heiligen. Ze zeiden dat ze de eeuwige gelukzaligheid genoot. Dus meende ik dat het vast wel in orde was als ik na de begrafenis op de begraafplaats een rondedansje maakte.

Tien

Toen ik zo'n jaar of dertien was, begon ik vliegdromen te krijgen. Ze begonnen altijd op dezelfde manier: ik droomde dat ik plotseling midden in de nacht wakker werd in mijn slaapkamer. Ik stond in mijn flanellen nachtjapon bij het geopende raam. De sterren schitterden; het was een onbewolkte en warme nacht. Ik steeg op en zweefde door het raam naar buiten, en daarna hoger en hoger; langs het dak van ons huis, langs de telefoondraden, hoog de fonkelende nachtelijke hemel in. Ik juichte vanbinnen en was volmaakt gelukkig. Ik schoot naar beneden, armen gespreid als vleugels, en zeilde over het kleine woestijnstadje en daarna over de in het westen liggende heuvels. Mijn haren wapperden achter me aan, de koele wind in mijn gezicht was opbeurend. Ik kon overal heen; ik kon doen wat ik wilde.

Ik vloog voorbij een ander stadje, over de uitgestrekte woestijngebieden, langs Los Angeles en de dorpen langs de kust naar de Stille Oceaan. Onderweg dook ik naar beneden om met mijn handen de toppen van de bomen te strelen terwijl ik langszweefde, en soms vloog ik dicht langs de aarde zodat ik door de ramen van huizen naar binnen kon kijken. Over de oceaan zweefde ik op de luchtstroom mee, me soms op mijn rug draaiend zodat ik ondertussen naar de maan kon kijken.

Daarna bezocht ik verschillende landen, en ze waren altijd zo echt, zo vol details. Ik stopte op bijzondere plaatsen en landde zodat ik ze beter kon bekijken. Altijd als ik een klein meisje zag, landde ik om te proberen een praatje met haar te maken, maar meestal sprak ze een taal die ik niet verstond.

In de loop der jaren kwamen en gingen de vliegdromen, en in de periodes waarin ze niet opdoken, voelde ik een intens gevoel van gemis. Heel vaak bad ik voor ze: 'Alstublieft, lieve God, geef me vannacht weer een vliegdroom.' Ze waren echt het heerlijkste dat ik ooit meemaakte, of ik nu sliep of wakker was, en ik verlang nog steeds hevig naar ze. Redelijk vaak dacht ik dat er weer een vliegdroom begon, maar dan stootte ik hard tegen een plafond of raakte verward in een boom en was niet in staat om hoger te komen.

Ik was nooit bang in vliegdromen, en als ik ze had, was dat de enige periode 's nachts waarin de angst was verdwenen. Ik was nog steeds doodsbang voor het donker. Maar mijn ouders bleven telkens weer herhalen dat angst blijk gaf van een gebrek aan vertrouwen in God, dus mocht ik geen nachtlichtje van ze hebben of 's nachts een gewone lamp laten branden. Volgens hen zou ik God verheerlijken als ik mijn angsten overwon. Soms werd ik schreeuwend wakker uit een nachtmerrie en kwamen ze naar mijn kamer om te vragen wat er aan de hand was. Met klapperende tanden en een kletsnat hoofd van het zweet kon ik keer op keer maar twee woorden zeggen: 'Man komt. Man komt.' Dat stond ze niet aan. 'Er komt helemaal geen man. Er is hier geen man behalve je vader. Stel je niet aan en ga slapen.'

Het ergerde hen dat mijn hoofd transpireerde en mijn kussen kletsnat werd als ik nachtmerries had. Ik moest het kussensloop iedere ochtend verschonen.

De enige keren in mijn leven dat ik me kan herinneren me echt veilig te hebben gevoeld, was wanneer ik tegen Omma aan genesteld op haar schoot zat achter ons kleine huisje in Korea. Ze zat met gekruiste benen op de grond met haar rug tegen de muur geleund. Ik zat in de ruimte tussen haar benen met de achterkant van mijn hoofd rustend tegen haar borst en haar armen om

me heen geslagen. Haar katoenen hanbok was oud en versleten, glom op verschillende plaatsen en was zacht en omhulde haar helemaal. De mouwen waren lang en wijd en ze stopte haar handen in de andere mouw wanneer ze haar armen om me heen sloeg, waardoor het een ononderbroken ring van zachte stof met haar sterke armen erin om mijn lichaam was. Ik had mijn knieën opgetrokken en dan stopte ze de stof van het einde van de mouwen onder mijn blote tenen om me warm te houden.
Op die manier omwikkeld was ik als een kleine pop in een nauwsluitende katoenen cocon van veiligheid en liefde. Ik kon het met haar ademhaling op en neer gaan van haar borst voelen. Ik wist dat ze over mijn hoofd heen naar de bergen keek. Ik richtte mijn aandacht er ook een poosje op totdat mijn oogleden zwaar werden. Bezield met een teder gevoel van veiligheid en vrede en voldoening viel ik in haar armen in slaap. En terwijl ik wegdoezelde, kon ik voelen dat ze zo nu en dan mijn hoofd zachtjes met haar oogharen streelde.

Ik heb vrienden en vriendinnen die zich kunnen herinneren dat ze als kind naar de kerk gingen, maar ze begrijpen niet helemaal waarom religie zo dreigend opdoemt in al mijn herinneringen. Natuurlijk waren mijn ouders niet zoals alle andere ouders die ik heb gekend; ons gezin was niet te vergelijken met welk christelijk gezin dat ik ooit ontmoet heb.
Het waren fanatiekelingen met staalharde blikken en een constante glimlach om de mond, uit hetzelfde hout gesneden als martelaren en kruisvaarders. De duivel was de vijand, op de voet gevolgd door de menselijkheid. Persoonlijke rechten bestonden niet. In naam van de Heer konden er verschrikkelijke dingen worden gedaan.
Mijn ouders waren ook automaten. Ze spraken nooit of dachten kennelijk zelfs niet over iets dat niet in de bijbel stond. Onafhankelijk denken was verkeerd, zeiden ze, omdat we geacht werden om onze geesten en harten zo vol met Gods woord te vullen dat er geen plaats meer was voor welke andere gedachte ook. Een

idee dat ik bijzonder claustrofobisch vond.
'Maar pa, waarom geloven we echt alles wat in de bijbel staat?' daagde ik hem dan uit. 'Stel je nou voor dat er dingen zijn die verkeerd zijn opgeschreven, wat dan? Stel je nou voor dat mensen van alles verzonnen hebben, wat dan?'
'De mannen die de bijbel hebben geschreven waren een instrument in de hand van God, dus is alles wat erin staat rechtstreeks overgebracht van de geest van God naar de handen van de mannen die schreven. We geloven het in zijn geheel.'
'Waarom?'
'Omdat God zegt dat we dat moeten doen.'
'Maar hoe weten we nou dat God dat echt heeft gezegd?'
'Omdat de bijbel zegt dat hij dat heeft gedaan.'
Soms raakte ik zo gefrustreerd door die onzinnige antwoorden dat ik zin had om te gaan schreeuwen. Maar omdat ik zelfs niet mocht huilen, laat staan schreeuwen, slikte ik mijn woede in en trok een wezenloos gezicht.
Daar zaten we dan in de woonkamer, drie door de bijbel geprogrammeerde robots. Mijn ouders zaten in hun stoelen en ik zat opgerold in de hoek van de bank, me vastgrijpend aan de kwastjes van de kussens met hun antimakassars. Soms stelde ik me voor wat er zou gebeuren als ik opstond en mijn gedachten onder woorden bracht: 'Waarom mag ik zelf niet denken? Waarom denken jullie dat jullie alles weten? Misschien weten jullie wel helemaal niets!'
En terwijl ik nadacht over hoe rampzalig zoiets zou zijn, bad pa hardop terwijl ma voor het achtergrondkoortje zorgde.
'Lieve Heer, vergeef ons voor onze twijfels over uw heilige woord.'
'Ja, Lieve Heer.'
'En louter onze geesten en harten van alle wereldse gedachten zodat we heilig kunnen zijn, zoals u heilig zijt.'
'Uw wil geschiede, Jezus.'
'En bewaar ons voor de duivel zodat hij geen vaste voet in ons leven krijgt.'
'Wij smeken u, o, Heer.'

'Want u en u alleen kunt ons redden. En wij willen delen in Uw lijden en in Uw schande zodat we op een dag in Uw heerlijkheid kunnen delen en aan Uw rechterhand zitten.'
'Dat willen wij, Heer. Ja, voorwaar.'
'En geef Elizabeth een rein hart, en doe een rechtschapen geest in haar herrijzen.'
'O, maak haar tot een toonbeeld voor wie in U gelove, Heer.'
Dan was het mijn beurt om te bidden, en het gebed moest een bepaalde lengte hebben, met een ondubbelzinnige verve worden gebracht, en voldoende berouw en verbale zelfkastijding bevatten om mijn ouders tevreden te stellen zodat ze me naar bed lieten gaan.
'Lieve Heer, vergeeft u mij alstublieft voor het in twijfel trekken van uw heilige woord. Vergeeft u me alstublieft dat ik de duivel toestond om mij twijfels over de bijbel in te geven. Vergeeft u me alstublieft omdat ik pa en ma heb tegengesproken en omdat ik vanmorgen zo chagrijnig was. Helpt u me om een beter meisje van mezelf te maken. In Jezus naam, amen.'
Als ik eindelijk in bed lag, uit de buurt van mijn ouders en uit de buurt van de bijbel, voelde ik een enorme opluchting. In het donker van mijn slaapkamer kon ik mijn eigen gedachten denken – zelfs al was ik bang dat ze zo godslasterlijk waren dat ik naar de hel zou worden gestuurd – en kon ik van alles verzinnen en dromen en me terugtrekken in mijn fantasiewereld.
In mijn fantasiewereld waren de verhalen een echo van degene die Omma en ik hadden gedeeld: ik ontsnapte op de een of andere manier en woonde op een plek waar het groen en heuvelig was, waar ik een heleboel vrienden had en er een heleboel liefde was. In mijn favoriete fantasie kwam er een man aan de deur die verkondigde dat mijn adoptie één groot misverstand was. Hij was zowaar mijn echte vader en eerder niet in staat geweest om me weg te halen. Hij nam me mee naar Engeland waar hij een landgoed bezat. Hij leerde me paardrijden en er was een grote tuin. Hij had een kok en een huishoudster die me aanbad. Iedere dag nuttigde ik samen met hem een vieruurtje met thee en sandwi-

ches in de tuin en uiteindelijk werd ik een beroemde Shakespeare-actrice.

Helaas werd ik altijd wakker uit deze dromen, en als ik erg veel pech had, werd ik op zondag wakker.
Op zondag stond ik om zeven uur op. De zondagsschool begon om halftien en toen ik nog maar net op de middelbare school zat, begon ik al les te geven in een van de klassen van de zondagsschool. Na het ontbijt en de afwas maakte ik me klaar voor de kerk en nam snel nog even mijn les voor de zondagsschool door; ik bereidde me nooit voor op het tijdstip dat pa dacht dat ik dat deed en ik was op dat moment al steeds minder afhankelijk van zijn bijval.
Ik speelde piano op de 'openingsoefening' waarbij alle zondagsschoolklassen vijftien minuten bijeenkwamen om gezangen te zingen en te bidden voordat ze naar de verschillende lokalen gingen.
Daarna nam ik mijn klasje met zes- en zevenjarigen mee naar onze ruimte waar we eerst even wat spelletjes deden. Meestal vertelde ik hen daarna een verhaal aan de hand van in vilt uitgesneden figuurtjes op een vilten achtergrond en liet ik hen zelf verhalen vertellen en spelen met de vilten mensen. Discipline was er niet bij en ik probeerde het godsdienstige deel tot het absolute minimum te beperken.
Om halfelf was de zondagsschool afgelopen. Ik moest dan mijn koorgewaad aantrekken, de muziek van die morgen op de piano klaarzetten en mijn voorbereidingen voor de kerkdienst treffen. Iedere week speelde ik een ander voorspel, meestal iets van Bach of Chopin, terwijl de mensen zich in het heiligdom verzamelden. Het ergerde me altijd dat niemand aandacht schonk aan iets waarop ik de hele week tamelijk hard gestudeerd had. Tijdens de dienst zat ik achter de piano, voor de hele gemeente zichtbaar. Dat betekende dat ik er een heel uur lang lieftallig en christelijk en geïnteresseerd in de preek uit moest zien. Toen ik ouder werd liet ik zo nu en dan de perfecte façade vallen en nam ik soms niet

de moeite om mijn gegeeuw te onderdrukken of mijn verveling te verbergen.
Na de kerk was er meestal het 'koekjesuurtje' waarbij ik hielp thee en koffie in te schenken. Daarna stond ik altijd in de keuken om te helpen opruimen. Op de een of andere manier kreeg ma het voor elkaar om nooit ook maar één bordje af te wassen.
Het verbaasde me hoeveel vrijwilligerswerk de kerk van zijn lidmaten gedaan kreeg, vooral van de vrouwelijke. Een kliekje van ongeveer tien vrouwen van onze kerk werkte zich uit de naad: ze kookten en bakten voor bijeenkomsten buiten de kerkdiensten, wasten af, zorgden voor de bloemen en knipten en naaiden quilts voor zendelingen. Maar ook dat leek weinig gewaardeerd te worden. Als je een godvruchtige vrouw was, werd dat soort toewijding gewoon van je verwacht.
Ik moest inwendig lachen om de wedijver die de vrouwen in de kerk aan de dag legden om hun aandoenlijk kleine kruimeltjes eerbetoon. Van welke cake nam de voorganger nog een tweede stuk, welke stoofschotel was tot op de bodem leeggeschraapt, welke stapel sandwiches werd voor de andere gezet... al die dingen waren van levensbelang voor de Vrouwenzendingsvereniging.
Een groot deel van die vrouwen was best lief en sommigen waren ook aardig tegen mij. Een van hen, een weduwe genaamd Helen, behandelde me met een vriendelijkheid waarmee ik in mijn eigen huis nooit werd bejegend. In feite fantaseerde ik er zelfs over dat ma doodging – een migraineaanval kreeg die fataal was of zoiets – en pa met Helen trouwde. We zouden dan samen koekjes bakken en uit winkelen gaan, en zij zou me niet straffen als de lakens op een bed niet met perfect rechte en strakgetrokken hoeken waren opgemaakt.
Ik vroeg me altijd af wat Helen in die kerk deed. Ze lachte hard en vaak, en soms knipoogde ze naar me als de andere vrouwen begonnen te ruziën over welk bloemstuk op de preekstoel zou komen te staan. Zo nu en dan hoorde ik de anderen fluisteren over Helen: ze was een 'lichtzinnige' vrouw; ik neem aan omdat ze in de weekenden uitstapjes met vrienden maakte en in lange

broek en met lippenstift op in de kerk kwam en sigaretten rookte op het parkeerterrein.
Eenmaal per jaar, op moederdag, was de dienst gewijd aan de vrouwen in de kerk. Dat betekende dat er gelezen werd uit het bijbelboek Spreuken: 'Een degelijke vrouw, wie zal haar vinden? Haar waarde gaat robijnen ver te boven. Op haar vertrouwt het hart van haar man, en ze doet hem goed en geen kwaad...' Een degelijke vrouw zijn betekende dat je hard werkte, nooit klaagde, God en de mannen in je leven gehoorzaamde en jezelf rein van lichaam en geest hield.
Daarvoor werd je dan beloond met één kerkdienst per jaar ter ere van jou, waarbij je een witte anjer op mocht hebben en misschien een boeket rozen kreeg als je meer kinderen had gebaard dan welke zuster in de congregatie dan ook. Daarna diende je de lunch op en naderhand ruimde je de vuile boel op.

Mij werd verteld dat je een godvruchtige vrouw werd door eerst een godvruchtig kind te zijn, en dat betekende zo vroeg mogelijk zielen gaan redden.
Volgens mijn ouders zou ik, als ik iemand kende die naar de hel ging, verantwoordelijk worden gesteld. Het was mijn plicht om mijn vrienden en vriendinnen tot de Here te bekeren, en ik wist dat als ik daarin niet slaagde, zij tot in eeuwigheid zouden lijden. Iedere avond na de bijbelstudie bij ons thuis, werd me dezelfde vraag gesteld: 'Heb je je vriendjes tot de Here Jezus Christus bekeerd? Omdat ze, als ze zonder de Heer sterven, eeuwig in de hel zullen doorbrengen, en dat is dan jouw schuld.'
Over pressie gesproken; ik moest nu niet alleen iedereen in mijn omgeving gelukkig maken en de Here Jezus Christus trots op me maken en God tevredenstellen en mijn ouders tevredenstellen, maar op mijn schouders rustte ook de eeuwige verlossing van iedereen die ik kende.
Een van de weinige kinderen die iets met me te maken wilde hebben, was een roodharig meisje genaamd Brenda. Toen ik naar de zesde klas ging, kon ik naar een andere school die maar een paar

kilometer van ons huis lag, dus ging ik lopen in plaats van met de schoolbus mee. We zaten in dezelfde klas en ze woonde twee straten verderop, dus liepen we alle dagen samen van huis naar school en terug. Ik mocht Brenda graag en ik wilde niet dat ze eeuwig in de hel zou branden, dus probeerde ik haar ziel te redden.

Op een dag na schooltijd ging ik naar haar huis en dronken we glazen limonadegazeuse op haar kamer. We zaten op het bed en praatten over verschillende dingen. Uiteindelijk had ik genoeg moed bij elkaar geraapt om eruit te flappen: 'Brenda, je zult naar de hel gaan tenzij je Jezus Christus aanneemt als je verlosser. Zou je willen vragen Jezus in je hart toe te laten?'

Brenda zat op het bed in haar broekpak en trui en staarde me aan. Ze vertelde me dat haar familie joods was. Ze zei tegen me dat ze niet geïnteresseerd was.

Ik vertelde haar dat haar eeuwige leven op het spel stond.

Ik vertrok een paar minuten later naar huis, zonder Brenda's ziel te hebben kunnen redden. Onze contact is nooit meer hetzelfde geweest. Ze ging me daarna uit de weg en ik liep alleen naar school. Mijn ouders zeiden tegen me dat ik beter mijn best had moeten doen. Ze zeiden dat op de dag van het Laatste Oordeel, wanneer 'zij die in Christus gestorven zijn bij het geklank ener bazuin als eerste zullen opstaan', ik voor God moest verschijnen en hem uitleggen waarom Brenda in de hel was en waarom ik haar niet tot de Heer had bekeerd. Ze maakten mijn schuld nog een graadje erger door te zeggen: 'Haar bloed zal over je eigen hoofd komen.'

De enige vriendin te verliezen die ik had, was hartverscheurend. En proberen om me tegenover mijn ouders te verdedigen was onmogelijk. Het kon hun niet schelen dat ze joods was; het was zelfs zo dat het redden van háár ziel als een nog grotere en slimmere prestatie zou worden beschouwd, omdat ze iemand van 'Gods Uitverkoren Volk' was die de Messias had verworpen.

Op de een of andere manier werd ik geacht de kracht te hebben om iedereen die ik kende te kunnen bekeren. Maar hoe die overtuiging in overeenstemming was met het geloof in predestinatie, begreep ik niet. En ik heb ook nooit helemaal begrepen hoe het mijn fout kon zijn als ze hoe dan ook al waren voorbestemd voor de hel.

Zo nu en dan vroeg ik aarzelend iets over het boeddhisme om te proberen een snippertje troost met betrekking tot mijn moeder te vinden. 'Boeddhisme is een aardig geloof, vindt u niet? Het is vreedzaam. Ze geloven in mededogen, net als Jezus. Denkt u niet dat er een mogelijkheid bestaat dat boeddhisten naar de hemel zouden kunnen gaan?' Pa's antwoord was altijd standvastig: 'Boeddhisten zullen tot in eeuwigheid in de hel branden, net zoals ieder ander die Christus niet als zijn enige verlosser heeft aangenomen. Of je aardig bent of mededogen hebt, doet er niet toe. Zonder Christus gaan de aardigste mensen en degenen die het meeste mededogen hebben naar de hel.'

Het contrast tussen het boeddhisme van mijn moeder en het strenge protestants-christelijke geloof van mijn ouders was immens. In het ene hoefde je niets te doen en in het andere was het eindeloos zwoegen. Omma zei nooit tegen me dat ik iets moest geloven; ik kon samen met haar zingen als ik wilde of gewoon spelen, ik kon samen met haar mediteren of gewoon gaan slapen. Ze was gewoonweg, meer niet, en zij liet mij gewoonweg zijn wie ik was. Als ze in iets geloofde, denk ik dat het was in de inherente rechtvaardigheid van het leven. Ik weet niet of ze in reïncarnatie geloofde; ik weet niet of ze in God geloofde. Ze had haar eigen kleine rituelen die alleen maar bedoeld waren om haarzelf en niemand anders troost te bieden.

Het geloof van mijn ouders vereiste vierentwintig uur per dag waakzaamheid. Ze lazen me 1 Petrus 5:8 voor: 'Weest waakzaam. Uw grote tegenstander, de duivel, gaat rond als een brullende leeuw, zoekende wie hij zal verslinden.' Waakzaamheid was niet alleen nodig voor onze eigen zielen, maar ook voor degenen om ons heen. Het werk hield nooit op, en hoezeer je ook je best deed, het was misschien niet genoeg. 'Want velen zijn geroepen,' zegt de bijbel, 'maar weinigen zijn uitverkoren.'

Op zaterdag moest ik 'huis-aan-huisbezoek' doen. In plaats van thuis tekenfilms te kijken, stond ik vroeg op en kleedde me aan alsof ik naar de kerk ging. Een paar taaie, evangelistische types kwamen om acht uur 's morgens bijeen in de kerk om koffie te drinken en de strategie te bepalen. Pa die tegen die tijd predikant in de kerk was, leidde het offensief.

Met het stratenplan voor ons op tafel spraken we af hoe we ons stadje onderling zouden verdelen en inlijven. Daarna hielden we elkaars hand vast en baden, God vragend om de harten van mensen aan te raken en om vruchtbare grond gereed te maken zodat we uiteindelijk 'het zaad van Gods woord' konden zaaien. Toen ik een tiener was, begon ik, alleen maar om mezelf te amuseren, het gebed te veranderen in 'het zaad van God'. Niemand scheen ooit iets vreemds aan mijn woordkeus op te merken.

En dan waaierden we uit. Mijn vader en ik gingen altijd samen op pad met het aftandse gele busje van de kerk. Voor mij was een ochtend huis-aan-huisbezoek succesvol wanneer niemand de deur opendeed. Ik hield mijn adem in wanneer we op elk huis afliepen, in mezelf mijn zaterdagochtendmantra zingend: 'Weesalsjeblieftniethuisweesalsjeblieftniethuis.' Het was afschuwelijk als de deur werd geopend. Het was meer dan afschuwelijk als een ander kind de deur opende. Met mijn bijbel in mijn zweterige handen zei ik mijn tekst op: 'Hallo. Hoe gaat het vandaag met u? Ik ben hier om u uit te nodigen om een dienst in onze kerk bij te wonen.' Op alles wat iemand kon zeggen, hadden we het precieze antwoord geleerd.

'Ik ben al lid van een kerk.'

'Geweldig! Welke? Omdat het belangrijk is dat uw kerk het Woord van God volledig leert en dat ze verlossing door Jezus Christus leert.'

'Ik ben niet geïnteresseerd.'

'O, nee? Bent u geïnteresseerd in kunnen kiezen tussen eeuwige verdoemenis en eeuwige gelukzaligheid aan de rechterhand van God? Want zonder Christus bent u tot eeuwige verdoemenis veroordeeld.'

'Sodemieter als de donder op.'
'Verhard uw hart niet tegen de Heer, mijn vriend.'
Als mijn vader niet binnen gehoorsafstand was, nodigde ik ze gewoon uit in de kerk, verontschuldigde me dat ik ze had lastig gevallen en ging er zo snel mogelijk weer vandoor.
Misschien was er één bezoek per maand dat werkelijk 'vruchten afwierp', zoals het kleine groepje zielenredders het noemde. Af en toe accepteerde iemand zowaar de uitnodiging en kwam-ie de volgende zondag naar de kerk.

Het grote probleem dat ik mijn hele leven met de streng protestants-christelijke leer heb gehad, is dat die zichzelf tegenspreekt. Het was niet steekhoudend. Zelfs op die leeftijd kon ik me niet neerleggen bij de onverenigbare leerstellingen: 'Arglistig is het hart boven alles, ja, verderfelijk is het,' aan de ene kant en 'De mens is geschapen naar Gods beeld en gelijkenis' aan de andere kant. Dus vroeg ik me af: betekent dat dat het hart van God arglistig is maar bovenal verderfelijk? Misschien wel.
En dan had je de theorie over predestinatie die regelrecht in conflict kwam met bekeringsijver. De dingen in de bijbel die we letterlijk namen en naleefden leken mij ook zo willekeurig gekozen, vooral met betrekking tot het Oude Testament. Er stonden daarin zoveel regels en het was zonneklaar dat we die niet allemaal naleefden.
Als een vrouw ongesteld was bijvoorbeeld, werd ze niet gedwongen om zich buiten de begrenzing van de stad te begeven, zoals in bijbelse tijden. Maar er stonden bepaalde dingen in het Oude Testament, vooral over homoseksualiteit, die door streng protestants-christenen onvoorwaardelijk omarmd werden. Wie besliste er dan welke dingen in het Oude Testament van kracht waren en welke door de dood van Christus nietig verklaard? Mijn ouders vertelden me dat bloedoffers niet langer gebracht hoefden te worden zoals in het Oude Testament, omdat toen Christus kwam, hij de offerande voor eens en altijd voor onze zonden was. Oké, dacht ik, fantastisch. Maar er waren andere dingen in

het Oude Testament waardoor we ons nog steeds lieten leiden en vele niet meer. Wie bepaalde dat?
Iets anders dat me erg dwarszat was de leer van Paulus in het Nieuwe Testament. Ik mocht hem als kind niet en dat gevoel werd sterker toen ik tussen de tien en twintig was. Paulus, vond ik, was een vrouwenhater en een weerzinwekkende idioot die wel makkelijk een oordeel velde. Ik begreep nooit waarom mijn ouders zo'n bewondering voor Paulus hadden. En mijn ouders rationaliseerden sommige dingen die hij zei, zoals zijn voorschrift dat vrouwen 'moesten zwijgen in de gemeenten'. Nou, de vrouwen in onze kerk zwegen beslist niet, en ma al helemaal niet. Dus zelfs al vond ik de hele filosofie van Paulus onzinnig, ik begreep niet waarom we – als we ons achter het Nieuwe Testament in zijn geheel schaarden – die niet opvolgden.
Mijn ouders zeiden dat Paulus tegen een bepaald soort vrouw in een bepaalde tijd sprak waarin er grote problemen waren. Maar hetzelfde kon gezegd worden over alle leerstellingen in de bijbel. Hoe je het ook bekeek, het was niet steekhoudend. Logica zat er nooit in. Altijd als ik op dat punt in de discussie was gekomen, zei pa dat we het in geloof moesten aannemen.
En dus deed ik dat. Ook al was het streng protestants-christelijke geloof voor mij het toppunt van onlogisch, warrig denken, ik nam alles in geloof aan. De factor angst was zo sterk dat zelfs al kon ik het niet van ganser harte omhelzen, ik zo goed mogelijk mijn best deed om te zorgen dat ik niet eeuwig in de poel des verderfs hoefde te branden, gemarteld door legioenen demonen van de duivel.

Er was geen ontsnappen aan het waakzame oog van God. Het geloof oefende zijn niet-aflatende invloed uit op ieder gebied van ons leven. Zelfs zoiets simpels als naar McDonald's gaan werd een vuurproef.
Ik had er een ontzettende hekel aan om met mijn ouders uit eten te gaan omdat we altijd moesten bidden voor we gingen eten. Het maakte niet uit of we in het openbaar waren of thuis, pa

praatte net zo hard, bad net zo welbespraakt en we hielden elkaars hand vast; en mijn gezicht gloeide omdat ik me zo verschrikkelijk geneerde. Iedereen in het restaurant staarde naar ons. We woonden in een kleine plaats, dus als we ergens heen gingen, zag ik altijd wel iemand die ik kende. En natuurlijk gniffelden ze, en ik voelde me gekrenkt en mijn ouders zeiden dat het een eer was om vanwege Christus te schande gemaakt te worden.
Dat was weer een dilemma voor me. Waarom was het je openlijk onderscheiden als het mikpunt van spot iets om trots op te zijn? 'Looft God,' zeiden mijn ouders, 'als mensen je bespotten of beledigen vanwege de Here.'
Mijn kleding- en haarstijl waar ik toe gedwongen werd, was bijvoorbeeld heel erg uit de mode. Maar als ik er iets over zei, zeiden mijn ouders dat ik trots moest zijn dat ik beschaamd werd gemaakt vanwege Christus en in zijn lijden mocht delen.
Hoewel ze me nooit hebben kunnen uitleggen hoe Christus verheerlijkt werd als ik een lelijke jurk aanhad.

Ik was niet alleen doodsbang voor God, ik was ook doodsbang voor zijn huis.
Ik haatte kerkgebouwen en schaamde me dat ik dat gevoel had; per slot van rekening was het de tempel van God. Ons heiligdom was volgens een eenvoudig ontwerp ingericht: twee segmenten met kerkbanken, het altaar vooraan en daarachter het spreekgestoelte en het doopvont. Het rook er bedompt en stoffig. Het houtwerk glom doordat het al vele jaren door vele handen was aangeraakt, en de bordeauxrode kerkbankkussens waren versleten en bobbelig.
Iedere zondag na de ochtenddienst was het mijn taak om tussen de banken door te lopen en het afval te verzamelen dat mensen hadden achtergelaten, de gezangenboeken netjes rechtop te zetten en alles tot in de puntjes schoon te maken. Als het Avondmaalszondag was, stonden er ongeveer honderd minuscule avondmaalsglaasjes, met restjes druivensap, die allemaal afgewassen en afgedroogd moesten worden. Ouwels en druivensap

symboliseerden het lichaam en het bloed van de Heer.
Soms, als niemand keek, nam ik rechtstreeks uit de fles een teug druivensap. Ik voelde me er zo slecht als wat over, maar ook vrolijk en onzeker. Ik zei tegen mijn enige vriend: 'Hé, weet je wat ik vandaag heb gedaan? Ik heb het bloed van de Heer opgeslobberd, man.'

Het enige dat ik leuk vond in de kerk, was het zingen van hymnen. Een heleboel waren een grote troost voor me en ik zong ze telkens weer voor mezelf:

> *Wanneer vrede, als een rivier,*
> *Mij vergezelt op mijn weg;*
> *Wanneer smarten als de baren rollen:*
> *Wat mijn lot ook mag zijn, u hebt mij geleerd te zeggen:*
> *'Met mijn ziel is het goed, is het goed.'*

Streng gelovige christenen 'worstelen in den gebede', wat betekent dat ze eindeloos doorbidden totdat ze het gevoel hebben een antwoord te hebben gekregen. Ik heb dat vaak gedaan: op mijn knieën, bonkend op de deur van de hemel. Ik wilde de vrede waarvan iedereen zei dat de Heer die kon geven. Ik wilde weten of ik gered was. Ik wilde voelen dat ik met de Heilige Geest werd vervuld.

> *Wees mij nabij, Here Jezus, ik vraag U altoos*
> *Dicht bij mij te blijven, en houd van mij, bid ik U.*
> *Gezegend zijn alle lieve kinderen aan U tedere zorg*
> *toevertrouwd*
> *En plooi ons voor de hemelen om daar bij U te mogen leven.*

Ik heb nooit begrepen dat Jezus – zo zachtaardig, zo begaan – kon toestaan dat de kinderen die aan zijn tedere zorg waren toevertrouwd, zo leden. De enige verklaring die ik kon bedenken, was dat God de Vader degene was die echt de grote baas was en

Jezus, omdat hij de Zoon van God was, eigenlijk heel weinig macht had. Alle liefde, maar weinig van de macht.
Bewijzen van de hardheid van God Almachtig lagen constant voor het grijpen. De Hemelse Vader die ik kende was een God der toorn. Hij was degene die Lots vrouw in een zoutpilaar veranderde alleen maar omdat ze over haar schouder had omgekeken naar haar stad. Hij was degene die een vader dwong zijn dochter te offeren alleen maar om hem een lesje te leren. Hij was degene die een hele wereld door middel van een zondvloed vernietigde en alleen Noachs familie redde. Hij was degene die Omma van me had afgepakt.

Voor een kind manifesteerde Gods wil zich door middel van de regels van de ouders. Voor een echtgenote manifesteerde Gods wil zich door middel van de wensen van de echtgenoot. In ieder geval had een vrouw, en vooral een vrouwelijk kind, geen enkele rechten. In dat opzicht verschilde mijn Amerikaanse leven niet van Omma's leven in Korea.
Er werd me geen moment rust gegund in dat gezin. Te pas en te onpas, onder alle omstandigheden, ziek of gezond, er waren bepaalde dingen die ik verwacht werd te doen. Toen ik twaalf was en buikgriep had, vroeg ik ma of ik die avond vroeg in bed mocht kruipen. Ik voelde me misselijk en slap. Ze zei tegen me dat ik pas naar bed mocht als de borden van het avondeten waren afgewassen en opgeruimd en de keuken aangeveegd, zoals gebruikelijk. Ik zei tegen haar dat ik echt ziek was en niet dacht achter het aanrecht te kunnen staan om de borden af te wassen.
Omdat het voornaamste doel in mijn leven het tevredenstellen van mijn ouders en God was om daarmee te vermijden dat ik teruggestuurd zou worden naar het weeshuis en/of naar de hel zou gaan, hoopte ik dat ma me wilde geloven. Ik probeerde nooit om onder mijn huishoudelijke karweitjes uit te komen. Ik klaagde zelden over wat dan ook. Ik vroeg nooit om iets; het zou zelfs op een ander moment niet eens in me zijn opgekomen om zoiets te vragen. Maar ze was onverzettelijk.

Dus stond ik achter het aanrecht de afwas te doen en had het heet en voelde me de hele tijd ziek. Het lukte me nog maar net om het laatste bord af te wassen en in het afdruiprek te zetten toen ik begon over te geven. Ik kon het niet tegenhouden. Ik gaf over in de gootsteen en over het aanrecht en de schone borden. Ma was woedend; ze beschouwde het als opzettelijk slecht en opstandig gedrag.
Niet alleen kreeg ik een vreselijk pak slaag, maar ik moest de rotzooi opruimen, alle borden opnieuw afwassen en de hele keuken met lysol boenen voordat ik naar bed mocht.

Er was een draak van een muziekstukje dat het 'Zondagsschoollied' heette en dat mijn ouders prachtig vonden. Ze dachten dat het 'jongelui aansprak'. Ik was een van die jongelui en wist dat het rotzooi was. Maar ze wilden dat ik het op bijeenkomsten voor jongeren uitvoerde. Ze hadden visioenen dat ik het hele land door zou reizen, een jonge, inspirerende, Aziatisch-Amerikaanse, muzikale evangeliste die het 'Zondagsschoollied' zong voor rechtschapen christelijke tieners. Ik smeekte en smeekte, maar ze waren onverbiddelijk.
Dus bracht ik het ten gehore; inclusief de oppeppende bewegingen die de coupletten illustreerden. Ik stond volstrekt voor aap. Ik bewoog me zwetend en trillend over het podium en wou dat ik een hartaanval kreeg of stierf of dat het armageddon begon, als het maar een einde aan mijn ellende maakte. Ik haatte mijn ouders dat ze me aan deze kwelling onderwierpen.
De melodie was krankzinnig; de woorden waren onbenullig.

Kom naar de zondagsschool en heb een hoop plezier.
Oudelui, jongelui, komt toch allemaal.

En dat was alleen maar het refrein. Er waren verschillende coupletten, die ieder een verhaal uit de bijbel bevatten in een misselijkmakend zedige versvorm.
Nadat ik het de eerste keer had gezongen, zei ik tegen mijn ou-

ders hoe stom dat liedje was, hoe erg ik het haatte en hoe vernederd ik me voelde. Pa was diep geschokt door mijn standpunt. 'Jij wilt mij vertellen dat Jezus bereid was om te sterven voor jouw zonden, maar dat jij niet bereid bent om een liedje voor hem te zingen? En hij werd bespot en belachelijk gemaakt en moest een doornenkroon dragen, en jij klaagt over iets als dit? Je weet dat in de bijbel staat dat je je verlossing zeker moet stellen. Ik denk dat je maar beter een poos kunt bidden voor je eigen verlossing. Ga op je knieën zitten en zeg tegen Jezus dat je niet genoeg van hem houdt om een liedje voor hem te zingen.'

O, hou op, alsjeblieft, dacht ik.

'Het spijt me,' zei ik.

Ik moest bijna iedere week optreden in de kerk, of een solo zingen of iets op de piano spelen. Mijn ouders leken wat ik deed nooit leuk te vinden, maar ze bleven druk op me uitoefenen om het de ene na de andere zondag te doen. In de autorit van de kerk terug naar huis zat ik te wachten op iets dat in de buurt van een compliment kwam, maar het kwam nooit.

Soms vroeg ik: 'Was de solo oké?' Het antwoord dat ik kreeg, was nooit wat ik wilde horen.

'Nou, je stem klonk wat magertjes en je maakte weinig oogcontact met het publiek. En waarom heb je tijdens de collecte Bach niet gespeeld? Heb je die stukken van de week wel ingestudeerd?'

Uiteindelijk bood ik altijd mijn excuses aan. 'Ik weet het. Ik heb het niet erg goed gedaan. Het spijt me.'

Mijn ouders wierpen elkaar dan een blik toe en schudden hun hoofden, en de rest van de autorit brachten we zwijgend door.

Elf

In ons stadje viel ik lelijk uit de toon. De kinderen van de middelbare school waarop ik de eerste drie klassen doorliep, hadden een scheldnaam voor me bedacht: spleetoog. Ik had één vriendin, Lenore, die ook buitengesloten werd, maar om een andere reden: ze was te slim voor een meisje. Ze hield van wis- en natuurkunde; ze was van plan een universitaire graad te halen. In een stadje waar de fantasieën van prepuberale meisjes nooit verder gingen dan trouwen met de aanvoerder van de football-ploeg van de school en eenmaal per week winkelen in het enige warenhuis, was ze minstens een excentriekeling.

Ik had Lenore ontmoet in de schoolkantine op de eerste dag van het eerste jaar op de middelbare school. Ze zat alleen aan een tafeltje te lezen. Ik liep langs haar op weg naar een lege stoel, en ze keek op en glimlachte. 'Je ruikt lekker,' zei ze. 'En je hebt een te gekke, wilde bos haar.' Ik was verbijsterd: het was de eerste keer dat iemand me een compliment over mijn uiterlijk had gemaakt.

Ik ging bij haar zitten en binnen vijf minuten kletsten we een eind weg, wrange opmerkingen uitwisselend over de hautaine, onnozele lieden om ons heen.

In mijn ogen was Lenore perfect. Ze had blond haar en hemelsblauwe ogen. Ze stak de draak met haar lange 'ooievaarspoten'

en haar steile haar. Ik zou het er zelfs voor over hebben gehad dat mijn rechterarm werd afgehakt, als ik beide maar mocht hebben. Ze zei dat ik interessant was en grappig en geniaal. Ze zei dat ik mooi was en er 'exotisch' uitzag. Ik aanbad haar.
Op mijn eerste dag op de middelbare school verkondigde een jongen, die een klas hoger zat, luid en duidelijk in de kantine: 'Hé, weet je dat spleetogen twee poesjes hebben? Dat komt omdat het allemaal hoeren zijn en ze allemaal arm zijn, en dan kunnen ze twee kerels tegelijk bedienen.' Er barstte een daverende gelach los.
De drie jaar op die school bleef ik dat etiket houden. Een meisje schreef er zelfs over in mijn tweedejaars jaarboek: 'Voor een vrij gave spleetoog, ook al heeft ze twee je-weet-wels.' Lenore wuifde het met één vernietigende opmerking weg: 'Ach, die is debiel,' zei Lenore. 'Ze is het niet waard om je er druk over te maken.'

Het was me gelukt een vriendin te krijgen, maar jongens waren een ander verhaal. In de eerste klas werd ik waanzinnig verliefd op een jongen die in de zesde klas zat en aan het hoofd stond van de jongerengroep van onze kerk. Ik was geobsedeerd door boeken, dus nam ik aan dat de dingen die mij aanspraken ook andere mensen zouden aanspreken. In die tijd las ik *Little Women*, een beroemd kinderboek van Louisa May Alcott, en ik was gek op een van de hoofdfiguren: Jo March. Van de andere personages vond ik dat Beth een lafbek was, Amy een verwaand kreng en Margaret een zedenpreekster; maar Jo was perfect. Jo had een luchtige manier van praten, en ik nam aan dat, omdat ik haar zo leuk vond, iedereen die ik mocht onder de indruk was van hoeveel ik op haar leek.
Ironisch genoeg heette de jongen die ik leuk vond Joe. Het leek te mooi om waar te zijn.
Op een zaterdag gingen we met z'n allen een uitstapje maken naar een sterrenwacht en hoewel ik geen deel uit maakte van de jongerengroep, moest ik mee omdat pa de excursie leidde. Ik kleedde me met veel zorg aan en toen ik hem zag, imiteerde ik

zo goed mogelijk de stem van Jo March en gebruikte haar taaltje: 'Schat van een Joe, hé, hallo!' Hij keek me onbewogen aan, draaide zich om en begon te praten tegen een lange, blonde, zestienjarige schoonheid en negeerde me de rest van de dag. Hij ging me vanaf dat moment zelfs zoveel mogelijk uit de weg.
Erop terugkijkend begrijp ik waarom hij dat deed, hoe erg ik hem in verlegenheid had gebracht en hoe getikt hij me moet hebben gevonden. Maar in die tijd was ik er kapot van. Ik kon niet begrijpen dat hij zich van me had afgewend terwijl ik Louisa May Alcott citeerde. Hoe was het in 's hemelsnaam mogelijk?

In ons woestijnstadje kende iedereen iedereen. Dat haatte ik.
Ik wist dat alles wat ik op school deed, aan mijn ouders overgebriefd zou worden, en de rol van goede dochter van de predikant was zo moeilijk vol te houden. In de kerk deed ik alles wat er van me verwacht werd. Ik gaf les op de zondagsschool, ik zorgde voor de muziek bij de kerkdiensten, ik typte de mededelingen voor de zondagochtend uit. Ik glimlachte en ik bad, en als ik me in die kringen bewoog, geloofde ik echt wat er werd gezegd.
Toen ik eenmaal in de vierde klas van de middelbare school zat, veranderde er van alles. Ik deed niet meer zo mijn best om goede cijfers te halen en sprak mijn docenten aan met een verveeld soort sarcasme. Ik zei tegen mijn lerares Engels dat ze een kreng was; ik bracht heel wat tijd door in de kamer van de rector. Maar de andere kinderen staken niet meer de draak met me. Ik was nu de betweterige domineesdochter, niet meer de zonderlinge, brave spleetoog. Kinderen lachten om mijn grappen in plaats van om mijn gezicht. Ik had eindelijk een manier gevonden om enigszins geaccepteerd te worden.
Mijn ouders waren boos en teleurgesteld in me, ook al wisten ze nog niet de helft. Wat ze wel wisten, was dat er op mijn rapporten niet langer alleen maar tienen stonden en dat ik regelmatig moest nablijven op school.
Pa onderhield me er voortdurend over en las me ook de les over de onbeleefde manier waarop ik tegen mijn moeder sprak. 'Eert

uw vader en uw moeder, opdat uw dagen op deze aarde lang mogen zijn,' bracht hij me in herinnering. 'Ze is mijn moeder niet,' beet ik hem toe. Daarvoor kreeg ik een harde klap in mijn gezicht en werd ik in mijn kamer opgesloten, waar ik tenminste mijn eigen gedachten kon denken en zachtjes tegen mezelf mijn minachting voor hun niet-aflatende hypocrisie kon uiten.
Ongeveer in diezelfde tijd kristalliseerden mijn gevoelens voor ma uit en verschoven van angst naar minachting. Voor mij was ze bekrompen, burgerlijk en hypocriet, en ik noemde haar 'de martelaar', wat pa razend maakte. Op de plank in pa's bibliotheek stond een exemplaar van het *Book of Martyrs* van Fox, een boek waarin in detail het lijden van verschillende christenen wordt beschreven die in de loop der eeuwen voor hun geloof waren gestorven. Op een dag zei ma tegen me dat ik slecht was en er iedere dag een hoofdstuk uit zou moeten lezen, waarop ik antwoordde: 'Goed, dan zal ik beginnen met het hoofdstuk over jou.'
Ma bracht het grootste deel van de tijd liggend op de bank door, zwakjes klagend over migraine. Ze zei tegen me dat ik niet zo'n lawaai met stofzuigen moest maken. Ze zei tegen pa dat hij me moest straffen omdat ik haar 'krenkende' blikken toewierp. Ze zei tegen me dat ik lui was en te veel tijd met lezen doorbracht. Ze haalde herinneringen op uit haar eigen jeugd: ze was als tiener zo populair geweest dat haar ouders voor haar zestiende verjaardag een galafeest hadden gegeven en een orkest gehuurd.
Ze vergeleek zichzelf vaak met mij: haar benen waren lang, de mijne kort; in haar haar zat een gouden glans, het mijne was dof; zij had in haar tienerjaren een heleboel aanbidders gehad, ik had er geen een; toen ze in de twintig was, had ze als coloratuursopraan opera's gezongen, ik had een oninteressante altstem.
Ma beschouwde mij als meisje voor dag en nacht; ze betaalde me dan wel niet, maar ik deed al het huishoudelijk werk: schoonmaken, koken, de was. Ik masseerde haar nek en rug als ze hoofdpijn had. Ik was witheet vanbinnen, maar ik deed het toch. Op doordeweekse ochtenden stond ik vroeg op zodat ik nog tijd had om de ontbijtboel af te wassen voordat ik naar school ging. Ma

controleerde of ik de bedden perfect had opgemaakt: met keurig recht ingestopte hoeken en de bovenlakens glad en recht teruggevouwen over de dekens.
Als ik thuiskwam kreeg ik een uur om piano te studeren, waarna ik eten moest koken en de keuken schoonmaken. Daarna maakte ik mijn huiswerk en kwamen we samen in de woonkamer voor de dagelijkse bijbelstudie.
Maar de dag van de week die ik echt begon te haten, was de zondag. Er waren minstens twee kerkdiensten, en meestal ook nog de een of andere door de kerk georganiseerde activiteit of bijeenkomst. Tijdens gezamenlijke maaltijden van de kerk, waarbij de eters zelf hun gerechten meenamen, hielp ik in de keuken en mocht de restanten van de gelatinepudding van vettige borden afwassen. Het eten bij dergelijke maaltijden was afschuwelijk. Er kwam eens een vrouw naar me toe die neerbuigend zei: 'Schat, ik heb deze schotel speciaal voor jou gemaakt. Het is een oosterse stoofschotel. Er zit gehakt in en knapperige mie van Chun King en champignonsoep.' Stom wijf, dacht ik terwijl ik glimlachte en haar bedankte, en ondertussen voor me zag hoe ik het misselijkmakende brouwsel in haar gezicht duwde.
Uiteraard bestonden er gemengde gevoelens over mij in onze voor het overige volkomen blanke congregatie. Ik kreeg zo nu en dan stekelige opmerkingen naar mijn hoofd. 'Ik hoop wel dat je God iedere dag dankt dat je bewonderenswaardige papa en mama je uit dat afschuwelijke land hebben weggehaald.' 'Hemeltje, ik snap niet hoe die oosterlingen dat weerzinwekkende eten van ze naar binnen kunnen krijgen. Je mag blij zijn dat je degelijk Amerikaans eten krijgt.'
Ooit kwam er op een zondagmorgen een zwart echtpaar naar de kerk en de spanning in ons heiligdom was voelbaar terwijl ze door het middenpad liepen om een plekje op een lege bank te vinden. De kerk begon vol te lopen, maar niemand ging op dezelfde bank als het stel zitten; ze zaten volkomen in hun eentje op dat lange, rechte, grenenhouten segment.
Het was een geluk voor de overgevoeligheid van de gemeentele-

den dat het stel alleen maar in ons stadje op bezoek was. Nieuwkomers in de kerk werd altijd aan het begin van de ochtenddienst gevraagd om op te staan en 'ons een weinig te vertellen' over zichzelf. Het stel stond op, glimlachte verlegen en zei dat ze uit Indiana kwamen en in de buurt op vakantie waren. Je kon de zuchten van opluchting bijna horen die door de hele congregatie gingen.

Na de dienst vertrok het stel onmiddellijk – smeerden 'm heimelijk onder het laatste gezang – en de mensen begonnen te praten. 'Waarom zou een zwart stel hier komen? Waarom zijn ze niet naar een kerk met hun eigen soort mensen gegaan?'

Ma zei dat ze geen racist was, nee, het was alleen maar een beetje vreemd dat ze een kerk vol blanken hadden uitgekozen. Jaren later werd de rassenscheiding opgeheven en dat gold ook voor de kerk. Er was één gezin van Latijns-Amerikaanse afkomst en één zwart gezin die sporadisch de dienst bijwoonden, maar beide families lieten zich niet echt in met andere activiteiten van de kerk. Een groot gedeelte van de mensen in de kerk gedroeg zich beleefd maar kil tegenover hen. Veel mensen negeerden hen volledig. Ik zei tegen mijn ouders dat de houding van mensen tegenover deze families walgelijk was.

Ma was verbolgen. 'Ik ben totaal geen racist,' zei ze. 'Toen die zwarte vrouw na de dienst naar me toe kwam en me wilde omhelzen, liet ik haar begaan.'

Ma en ik kibbelden vaak over dat onderwerp. Ik zei dat zij en bijna alle anderen in de kerk racistisch waren. Hield Jezus niet van iedereen evenveel? Waarom zou ma beter zijn dan iemand met een huid die donkerder dan die van haar was?

Haar standpunt vatte aardig samen hoe de overige mensen in de kerk erover dachten: Jezus was dan wel voor iedereen gestorven, maar dat betekende nog niet dat we ons met hen hoefden te vermengen.

'Gekleurde mensen zijn anders maar ik heb niets tegen ze,' zei ma. 'Toen ik een meisje was, hadden we een vreselijk aardige, zwarte vrouw die jarenlang ons huis schoonmaakte. Als ze ziek was, gaven we haar een ketel soep mee naar huis. Je zit alleen maar de boel op te stoken.'

Mijn slechte gedrag begon mijn ouders ten slotte zo te slopen dat ze me naar een christelijke therapeut brachten. 'Het is een godvrezend man,' zeiden ze. 'Hij is niet een gewone humanistische psychiater.'

Hij was niet gediplomeerd, maar dat maakte niet uit: hij hield spreekuur in een kerkgebouw, hij droeg een minuscuul gouden kruisje op de revers van zijn pak, en de vereiste, suikerzoete glimlach verdween geen moment van zijn gezicht.

Ik kwam bij hem omdat, zo zeiden mijn ouders, ik in opstand kwam tegen hen en tegen de Heer. Ze waren mijn gebrek aan respect meer dan zat. Ze hadden genoeg van mijn humeurige buien. Christus begon zich zelfs af te vragen of ik wel echt verlost wilde worden.

Dus zat ik op vrijdagmiddagen in een volgestouwd, smoorheet kamertje op een plastic stoel terwijl deze man oreerde over Christus en de tienerjaren. Hij was midden vijftig, kort, dik en kalend, en had een gladde huid.

Van therapie was nauwelijks sprake: zodra hij me een vraag stelde, gaf hij zelf het antwoord.

'Waarom heb je nou het gevoel dat je ouders niet echt van je houden?' vroeg hij.

'Nou ja, ze zeggen altijd tegen me hoe teleurgesteld ze in me waren, en...'

'Hola, wacht eens even. Ik weet zeker dat ze iets dergelijks niet zeggen. Ze willen alleen dat je dankbaar bent. Je was een goddeloos weeskind en je hebt je niet altijd als een erg aardig meisje gedragen. God is zo ontzettend goed voor je geweest. Je verdient geen van de dingen die God je heeft gegeven, omdat je in Zijn ogen een zondares bent. Maar door de barmhartigheid van Jezus Christus heb je een kans gekregen om verlost te worden.'

Stilte.

'Waarom huil je dan nu nog om je natuurlijke moeder?'

'Wat mankeert u, bent u dom of zo? Waarom denkt u dat ik huil? Omdat ze mijn moeder is en ik...'
'Ho, ho! We houden het wel netjes, dame. Dat soort taal bezig je niet in het huis van de Here. De duivel heeft vaste voet bij je gekregen, en je kruisigt de Here Jezus iedere keer opnieuw wanneer je zo praat.'
Daarna legde hij dan zijn zweterige handpalm op mijn knie en masseerde hem terwijl hij voor me bad.
Toen ik volwassen werd en bij een echte therapeut in behandeling ging, besloot ik mijn ouders dat te vertellen. Gedurende een van onze wekelijkse telefoongesprekken bracht ik het onderwerp ter sprake, enigszins onzeker over hoe ze zouden reageren.
Hun eerste vraag was dezelfde als die ze altijd stelden over iedereen van wie ik ooit gewag maakte. 'Is ze christelijk?'
Ik zei tegen hen dat ik geen flauw idee had, maar dat ik het betwijfelde.
'Als je met iemand gaat praten, zou het een christelijk iemand moeten zijn,' zeiden ze tegen me. 'Herinner je je nog die bewonderenswaardige man naar wie we je in je pubertijd brachten? Hij was zo'n goed christen. Hij zette je zo weer op het goede spoor.'
Ze zeiden dat gebed, niet therapie, de oplossing was.
En trouwens, wat maakte het uit als ik leed? We lijden samen met Christus, daarom kunnen we regeren met Christus.
Lijden, daar draaide het allemaal om.

Hoewel ik het ten slotte op de middelbare school voor elkaar kreeg om in zekere, zij het onzekere, mate geaccepteerd te worden, werd ik nooit voor een afspraakje gevraagd. Bevriend met mij zijn was één ding, maar meer dan dat kon niet door de beugel in ons stadje. Ik was smoorverliefd op een jongen in onze toneelklas en we brachten veel tijd samen door, pratend over het leven en filosofie en films.
Ik mocht niet naar de bioscoop, dus beschreef hij tot in detail alle nieuwe films die er draaiden, en dat was bijna net zo goed als ze zelf zien. Hij praatte alleen maar met me na de toneellessen

wanneer er geen andere kinderen in de buurt waren. Op een dag raapte ik eindelijk al mijn moed bij elkaar en nodigde hem uit voor een dansavondje op school. Hij was zichtbaar in verlegenheid gebracht. 'Het spijt me echt, maar dat kan niet. Ik mag je heus graag en zo, maar van mijn ouders zal ik nooit uit mogen met een spleetoog.'
Ik was kapot. Tijdens onze lange gesprekken was ik bijna vergeten dat ik een spleetoog was; ik had me gevoeld als een normaal tienermeisje. Daarna hebben we nooit meer na de toneelles met elkaar gepraat.

De enige werkelijkheid waar ik deel van uit wilde maken, vond ik in de literatuur. Het indrukwekkende lijden van de dichters was het enige dat me hoop gaf. Er moest iets zijn waaraan je je kon vastklampen als Tennyson kon zeggen:

Laat de heerlijke hemelen voortbestaan,
Niet drukkend en duister boven mij
Voordat ik heel, heel zeker weet
Dat er iemand is die van mij houdt;
Laat dan komen, wat moge komen.
En, in een bestaan dat zo droevig is geweest,
zal ik de dag van mijn leven hebben gehad.

Het grootste deel van de weinige tijd dat ik niets hoefde te doen, zat ik met mijn neus in de boeken. De meeste romans en tijdschriften mocht ik niet lezen, maar ik gaf toch de voorkeur aan niet-moderne Britse schrijvers. Ik dagdroomde niet over pop- of filmsterren, maar over Fitzwilliam Darcy en Robert Browning. Ik zat te trillen als ik Herricks lofzang op de liefde en de lust voor Julia las en ik werd door gevoelens overmand als ik las over de verrukkingen van haar naakte lichaam in de rivier, en van haar haren en haar borsten. Als ik dan toch geboren had moeten worden, dan wel op een andere plek en in een andere tijd, zei ik tegen mezelf; ik had samen met een in kniebroek gestoken heer

over de velden in Kent moeten wandelen, gekleed in een strak lijfje en een lange zijden rok.
Ik wilde naar de universiteit om Engelse literatuur te studeren, maar ik wist niet waar het geld vandaan moest komen. Dat mijn ouders de rekening zouden kunnen betalen, kwam niet in me op. Bovendien wist ik dat mijn ouders wilden dat ik óf zendelinge werd óf trouwde en een godvruchtig echtgenote werd.
Mijn lerares Engels in de hoogste klas van de middelbare school – die ook toneelstukken met ons instudeerde – had hoge verwachtingen van me. Ze zei tegen me dat ik een beroep moest zien te krijgen waardoor ik uit het stadje weg kon komen en misschien zelfs moest mikken op schrijven. Ze zei tegen me dat ze niet wilde dat het met me zou aflopen als met de meesten die van school afkwamen: getrouwd, een gezapig leven leidend in dezelfde plaats waar ze waren opgegroeid, werkend in de een of andere fantasieloze baan. 'Je verdient beter,' zei ze. 'Je hebt buitengewone talenten en karakter. Vergooi jezelf niet.'
Er was een deel van mij dat haar geloofde, maar het was een zwak deel. Als ze me de waarheid vertelde – dat ik uitzonderlijk begaafd was, dat ik iets prachtigs met mijn leven kon doen – waarom zag niemand anders dat dan?
Haar geloof in mij was een echo van Omma's geloof in mij, maar het was te beangstigend om te overwegen dat die twee vrouwen weleens gelijk konden hebben en ieder ander ongelijk. Het was makkelijker om gewoon te denken dat zij, net als Omma, een of andere onverklaarbare genegenheid voor me voelde die haar blind maakte voor hoe waardeloos ik in wezen was.
Ik maakte nauwelijks plannen voor mijn leven na de middelbare school. Ik was zo moe en werd zo ontmoedigd dat zelfs mijn opstandigheid afnam. Mijn cijfers waren middelmatig, behalve voor Engels en muziek. Ik verspilde tijd en energie aan het fantaseren over vrijheid maar wist niet hoe ik de stappen moest zetten om die te bereiken. Ik wachtte op iets dat in mijn leven zou ingrijpen, en toen dat gebeurde, was het volstrekt niet wat ik me ervan had voorgesteld.

Deel drie

In mijn sterven kan een ontwaken zitten
Of in mijn sterven kan er slecht sterven zijn.
Het probleem is dat er geen manier is om daar achter te komen
En ik wil alles weten.
Zoals wat zich in het stralende midden van mijn ziel bevindt
En of er iemand is die van me houdt
En wat er achter het rijk der dromen zit
En waaraan kleine beestjes denken
En of ik de pijn waard ben die ik mezelf aandoe.
Dit moment gaat voorbij net zoals het vorige
En het volgende is bij zijn geboorte al veronachtzaamd.
Maar, o, hoe sterk is het verlangen
om uit dit fragiele hart te stappen
en het hart van de duisternis aan te raken,
en van het licht en het einde en het begin.
Als hier liefde zou zijn, zou ik dan weg willen?
Ik heb geen antwoord.
Ik weet alleen maar dat liefde zich nooit bij mij thuis heeft gevoeld
En het is altijd alleen maar een mysterie geweest
Verlangen, pijn.
En het leven duurt al zo lang.
Ik geef nog wel om de wereld
En zo intens
Dat ik hang aan het kruis van mijn totaliteit,
Huilend van wanhoop
dat ik zelfs in de dood
geen redding of verlossing zal vinden
voor mijzelf of voor wie ook.

Twaalf

Ik ben op een zaterdagmorgen in onze kerk getrouwd. Pa begeleidde me door het middenpad en celebreerde daarna de huwelijksdienst. Mijn aanstaande man was een van de hulppredikanten in onze kerk. Ik was zeventien en had net mijn diploma van de middelbare school gehaald.

Mijn ouders hadden D. feitelijk voor mij uitgekozen toen ik in mijn laatste jaar op school zat. Ze nodigden hem een paar keer uit om op bezoek te komen en vroegen hem het hemd van zijn lijf. Hij was van hetzelfde conservatieve, strenge geloof als zij en ze wilden dat ik zo snel mogelijk met een 'godvruchtig man' zou trouwen. Mijn ouders geloofden dat een christelijk huwelijk – niet een loopbaan of een opleiding of persoonlijke vervulling – de hoogste roeping van een vrouw was. D. geloofde alles wat mijn ouders geloofden: dat de bijbel het woord van God was; dat mannen hun vrouwen moesten domineren; dat ik streng aangepakt moest worden.

Ik ging akkoord met hun wensen en fantaseerde er zelfs over dat alles misschien wel op magische wijze goed zou aflopen: D. zou van me houden en aardig voor me zijn, ik zou een goede en sexy en gehoorzame vrouw zijn, we zouden een gelukkig gezin krijgen. Ik kon me niet eens voorstellen dat ik iets totaal anders zou kunnen doen, wat mijn Engelse lerares en Omma ook hadden

gezegd. Ik had zelfs het gevoel behoorlijk veel geluk te hebben dat er iemand was die met me wilde trouwen.
Op de avond voor de bruiloft nam D. me mee uit eten. Van lichamelijke genegenheid was niets te bekennen, maar ik dacht dat dat misschien wel zou veranderen nadat we getrouwd waren. Ik dacht dat hij alleen maar kuis was, zoals het een goed christen betaamde. Maar ik kon de angst voelen die knaagde op het randje van mijn bewustzijn en me waarschuwde: deze man kust je nooit; de ogen van deze man zijn ijskoud. Dus toen hij me bij het huis van mijn ouders afzette, even voor negen uur, vroeg ik hem: 'Hou je van me?' Er volgde een stilte waarna hij zijn hand uitstak naar het autoportier aan mijn kant en dat opende. 'Morgen trouw ik met je,' zei hij. 'Stel dan niet zulke stomme vragen.'
Ik ging naar binnen en kroop in bed, en de werkelijke betekenis van wat er op het punt stond te gebeuren, sloeg als een bom bij me in: ik zou een andere vorm van slavernij binnentreden. Ik was ontsnapt aan de rol van voor geld gekochte dienstmeid in Korea en werd nu gedwongen een liefdeloos huwelijk aan te gaan, en dat gebeurde hier, in Amerika. Maar werd ik wel gedwongen? Ik overwoog naar de slaapkamer van mijn ouders te gaan en hen te vertellen dat ik niet met deze man kon trouwen, dat ik doodsbang voor hem was, dat er iets onmenselijks zat in die ijskoude manier waarop hij me aanstaarde en in die vlakke toon in zijn stem.
Feitelijk kon niemand me dwingen om te trouwen.
Maar de gedachte aan alle onaangename gevolgen was overweldigend. De trouwerij zou de volgende morgen om tien uur plaatsvinden. De kerk was versierd en alle gemeenteleden waren van plan te komen. Was ik werkelijk opgewassen tegen een dergelijke druk? Ik had me al vele jaren lang neergelegd bij iedere wens van mijn ouders en de kerk. En nu dacht ik erover om iedereen te vertellen dat de buitenlandse wees, die was geadopteerd door hun zo geliefde predikant, hem nogmaals moest teleurstellen. Ik kon het gewoonweg niet.
Ik trouwde in een jurk die ik zelf had gemaakt. Hij was van wit-

te satijn en had een bescheiden sleep. Over het satijnen lijfje lag kant met een rozenpatroon en het had lange mouwen. Ik knipte wat van de rozen uit het kant en appliqueerde ze op de rok van de jurk, en ik maakte een sluier die boven op het hoofd samenkwam in een bosje rozen dat ik uit het satijn en het kant had gemaakt. Niemand zei tegen me dat ik er mooi uitzag, maar dat verwachtte ik ook niet. Ma merkte alleen op dat de jurk wel vreselijk laag was uitgesneden voor een trouwerij.

De kerk zat vol, maar mijn Engelse lerares was er niet. Het cadeau dat ze stuurde, dat een paar dagen na de bruiloft arriveerde, was ongebruikelijk: niet een keukenapparaat of lakens of handdoeken, maar een cadeaubon op mijn naam voor een boekwinkel. Op de kaart die ze stuurde, stond alleen maar: 'Vergeet niet hoe bijzonder je bent.'

Ik liep met pa door het middenpad, waarna hij zich omkeerde en de huwelijksdienst celebreerde. D. keek niet naar me. Pa las uit de bijbel: 'Vrouwen, weest aan uw man onderdanig als aan de Here,' en toen herhaalde ik de huwelijksgelofte: 'Ik neem u tot mijn wettige echtgenoot en beloof u trouw te blijven; in goede en in kwade dagen; in armoede en in rijkdom; in ziekte en gezondheid; ik wil u liefhebben en waarderen al de dagen van ons leven; tot de dood ons scheidt.'

Na de plechtigheid was er een receptie in de kerk met bowl en cake en iedereen zei tegen me wat een geluk ik toch had. Ongeveer een uur later gingen we naar huis. Er volgde geen huwelijksreis. We reden in stilte naar het huis dat hij had gehuurd zolang hij nog aan een nieuw huis bouwde, en toen we daar aankwamen, begon ik mijn spullen uit te pakken die ik de dag daarvoor al had gebracht.

De eerste keer dat D. me sloeg was later die dag. We gingen een paar uur nadat we thuis waren gekomen naar bed, omdat D. zei dat God van een echtpaar verwachtte dat 'zij hem eerden in het huwelijksbed', ook al bestond er geen affectie tussen ons of hadden we elkaar niet aangehaald. Maar toen D. ons huwelijk niet kon voltrekken door de coïtus, werd ik gestraft. 'Het is jouw schuld,' zei hij tegen mij. 'Het komt door jou.' Hij sloeg me terwijl ik op bed lag, naakt, en terwijl ik hem geschrokken aankeek, begon hij de ene na de andere klap uit te delen. Een paar minuten later was hij ineens wel in staat om sex met me te hebben. Ik was te geschokt om helder na te kunnen denken, maar een sterk instinct voor zelfbehoud zorgde ervoor dat ik me rustig hield. Nadat hij in slaap was gevallen, liep ik naar de badkamer en rolde me op de grond op, mijn hete gezicht en pijnlijke ribben tegen de koude tegels drukkend.

De volgende dag was het zondag en gingen we naar de kerk waar D. zijn plaats op de verhoging naast pa innam. D. las uit de bijbel en zei het openingsgebed op, en ik speelde piano tijdens de dienst, zoals gewoonlijk. Mensen feliciteerden ons en schudden handen, en ik glimlachte.

Na ongeveer een maand verhuisden we naar het huis dat D. had gebouwd, waarin meubels stonden die D. had uitgezocht. Ik hield het huis smetteloos schoon, en bereidde voedsel volgens de nauwkeurige aanwijzingen die hij me gaf. Als ik tekortschoot, werd ik prompt gestraft. Niet lang na ons huwelijk maakte ik bijvoorbeeld een ratatouille; ik wist toen nog niet dat D. een hekel aan courgettes had. Hij nam één hap, pakte de schaal en smeet hem door het raam van de eetkamer naar buiten.

De binnenplaats was een en al eten, glasscherven van het raam en stukken van de aardewerken schaal. Ik bracht het grootste deel van de avond op handen en knieën buiten door met het opruimen van alle splinters totdat ik onder de sneden zat.

Ik haalde de ijsblokjes uit een kan met jus d'orange die hij probeerde te koelen, en hij zette me klem tegen de koelkast, stompte me in mijn buik en tegen mijn ribben, en kneep toen mijn keel dicht tot ik het bewustzijn verloor en in elkaar zakte op de keukenvloer.

Alles wat ik deed was fout. D. barstte plotsklaps in woede uit, zonder waarschuwing vooraf, en hoe hard ik ook probeerde de vrede te bewaren, het lukte me nooit. In die tijd had je een boek genaamd *The Total Woman* (De complete vrouw) en ik besloot

dat ik de tips daarin weleens wilde uitproberen. Ik was zo dociel mogelijk. Ik was het eens met alles wat hij zei. Ik schoof mijn eigen verlangens zo ver weg dat ik bijna vergat wat die waren. Niets hielp.
De kern van het probleem – en daarop had ik geen greep – was de manier waarop ik keek. Hij haatte dat en vatte het als een persoonlijke belediging op. Ik heb nooit hoogte kunnen krijgen van de reden waarom hij met me getrouwd was. Misschien wel omdat hij dan voortdurend iemand had om zijn woede op te koelen.
Op een avond keken we op de televisie naar *The Elephant Man.* Tijdens de scène waarin de hoofdrolspeler zijn gezicht in doeken gewikkeld heeft, draaide D. zich naar mij om en zei: 'Misschien zou jij dat ook moeten doen.' Het grootste deel van mijn leven zag ik als ik in de spiegel keek, een gezicht zo grotesk en misvormd als dat van *the elephant man.* Ik vond mijn brede jukbeenderen eruitzien als platte stenen, mijn kleine neus als een afgeplatte bobbel, mijn ogen als donkere spleetjes.
Als ik mijn lichaam zag, was dat kort en plomp, weerzinwekkend, en het zat onder de littekens. Mijn haar was een warrige, krullerige ragebol. Ik kon geen enkele eigenschap ontdekken die in mijn voordeel pleitte, het was niets anders dan lelijkheid, van top tot teen. Dus haalde ik de krullen uit mijn haar zodat het steil werd. Ik ging op dieet om mijn geronde lichaam knokiger en magerder te laten worden.

D. wilde een hond en het idee om eindelijk een huisdier te hebben vond ik te gek. Veel enthousiasme toonde ik echter niet: ik had geleerd dat hoe blijer ik met iets leek, hoe minder D. genegen was daaraan te voldoen. Dus hield ik me gedeisd en op een dag kwam hij thuis met een collie-puppy.
Ze was een gouden, fluweelzacht bundeltje onverbloemde liefde. Ze liep overdag voortdurend door het huis achter me aan, kwispelend en opspringend, en om de paar minuten liet ze van zich horen met opdringerige blafjes. Ik stofzuigde en ze gromde naar

het lichtje op de voet van de stofzuiger en vocht met het snoer. Ik stofte af en ze probeerde de stofdoek uit mijn handen te rukken. Ik kookte en bakte en ze rende rondjes in extase om wat die lekkere geuren zouden opleveren. Ik maakte haar zindelijk door telkens wanneer het *moment suprême* daar leek te zijn, met haar naar buiten te stormen en haar kwistig te prijzen.

Als we samen thuis waren, leefde ze zich helemaal uit, maar D. was bijna net zo streng voor haar als hij voor mij was, en ik denk dat haar stemming samen met de mijne zakte zodra we aan het einde van de dag het geluid van zijn auto op de oprit hoorden.

Op een koude, winderige avond in februari lag ze dicht tegen me aangekropen op de grond waar ik een zoom zette in een broek die D. naar zijn werk droeg. Het huis was opgeruimd en warm; ik had afgewassen en afgedroogd en het werd zo langzamerhand bedtijd.

Iedere avond vond ik het vreselijk om de hond buiten in de kou te zetten, ook al had ze een ruim hondenhok van sequoia dakspanen met een stuk tapijt dat we hadden overgehouden uit de woonkamer. Maar D. was niet af te brengen van het idee dat de hond niet in huis mocht slapen.

Maar op die avond was ik zo dapper – of zo stom – om tegen hem in te gaan. 'Mag ze vannacht niet binnenblijven? Het is zo koud buiten en ze ligt zo lekker te slapen. Ik zal haar morgenochtend vroeg meteen uitlaten. Alsjeblieft?'

Hij keek me strak aan en ik zei niets meer. Ik begon weer aan het zomen van de broek, met trillende handen nu. D. zette de televisie uit, ging onbeweeglijk in zijn stoel zitten en keek me alleen maar aan.

Als D. op het punt stond me voor iets te straffen, werd zijn lichaam roerloos en zijn stem zacht en eentonig. Tegen die tijd doorzag ik de tekenen, uiteraard, en wist ik dat er iets verschrikkelijks stond te gebeuren. 'Zal ik je eens wat vertellen? Hondenhokken zijn voor honden om in te slapen. En weet je wat jullie nu gaan doen: jullie gaan samen buiten in het hondenhok de nacht doorbrengen.'

Hij opende de schuifpui waardoor je op de veranda kwam. De hond – net zo getraind in gehoorzaamheid als ik – liep met tegenzin naar buiten, met hangende kop en staart. Ik vouwde D.'s broek op en legde die op zijn stoel, stopte de naald en het draad terug in mijn naaimand, zette die weg in de gangkast en trok mijn jas aan. Ik zei helemaal niets. Er viel niets te zeggen.

De hond en ik kropen in het A-vormige hondenhok en ik nestelde me om haar zachte, harige lichaam. Ze likte mijn gezicht en kroop dicht tegen me aan, en we vielen in slaap.

De volgende morgen bleek de schuifpui niet op slot te zitten en ik ging naar binnen om D.'s ontbijt klaar te maken.

Onze rollen waren zeer duidelijk afgebakend: D. zei tegen me wat hij wilde, en ik gehoorzaamde. Ik hield het huis schoon. Ik kookte en deed de was. Ik ruimde zijn rommel op... en dat moest onmiddellijk gebeuren. Ik liep achter hem aan als hij zich in de slaapkamer uitkleedde en raapte iedere sok en ieder hemd op zodra hij die op de grond had gegooid.

We keken naar de televisieprogramma's die hij had uitgekozen, maar ik mocht pas gaan zitten kijken als ik had afgewassen en afgedroogd en de keuken was opgeruimd. Hij had liever niet dat ik las, dus moest ik hier en daar een minuutje pikken voor mijn geliefde boeken als hij het niet kon zien.

D. stond erop dat ik bezig bleef. Altijd wanneer hij thuis was, wilde hij me zien stofzuigen of de vloer boenen of afstoffen. Als hij naar zijn werk vertrok, inspecteerde hij het hele huis; hij inspecteerde het weer als hij terugkwam om zich ervan te vergewissen dat ik het huis echt schoner had gemaakt dan het geweest was.

Hij maakte houders voor planten van kettingen die hij aan elkaar laste; hij hing zijn foto's aan de muur op. Alles moest blijven zoals hij het had neergezet of opgehangen. Zoiets gewoons als het verplaatsen van het bakje voor ijsklontjes maakte hem woedend.

Nadat we ongeveer een jaar getrouwd waren, werd er geconstateerd dat hij aan paranoïde schizofrenie leed, en hij verbleef een tijdje op de psychiatrische afdeling van een ziekenhuis. Niet het

geweld thuis had tot zijn ziekenhuisopname geleid, maar concentratieproblemen op zijn werk. Hij wilde carrière maken en zei vaak dat iedereen tegen hem was, dus ging hij akkoord met de behandeling. Voor zover ik weet was zijn baas de enige die hem stimuleerde om hulp te zoeken; noch zijn familie, noch mijn ouders erkenden dat er iets mis was.
Ik reed iedere dag naar het ziekenhuis om hem te bezoeken. Ik was de plichtsgetrouwe, zorgzame echtgenote. Die twee weken waren de beste tijd in mijn huwelijk, omdat hij niet thuis was en ik na een uur bezoek aan hem kon weggaan. Maar toen hij weer thuiskwam, was het alsof er niets was veranderd. Hij stopte met het innemen van zijn medicijnen; hij zei dat zijn psychiater erop uit was om hem te grazen te nemen en stopte met zijn behandeling; hij nam ontslag en ging werken bij een zaak die van familie van hem was. Het was afgelopen met het respijt.
We vertelden mensen van de kerk dat hij weg was geweest om familieleden elders te helpen, en iedereen geloofde het. Vrouwen in de kerk vertelden me toen wat een geweldige man hij toch was en hoe goed de Heer voor me was. 'Moet je nou eens kijken,' zei een koorlid tegen me. 'Jij hebt alles wat je hartje begeert.'
We hadden een aardig, nieuw huis met kamerbreed tapijt, twee auto's, een boot en een truck. We hadden diverse bankrekeningen, hoewel ik niet wist wat erop stond. Ik had geen geld voor mezelf; D. zei dat ik dat niet nodig had. We deden samen boodschappen en hij controleerde wat er gekocht werd. Ik mocht niets zonder zijn toestemming kopen. Ik schreef nooit zelf een cheque uit. Als ik bijvoorbeeld iets als benzine moest kopen, gaf hij me geld en gaf ik hem het wisselgeld terug.
Ik was ongeveer een jaar getrouwd toen ik zwanger werd. D. was woedend. Hij had gezegd dat ik niet zwanger mocht worden totdat hij besloot dat de tijd rijp was, en ik was aan de pil. Maar ik was ermee gestopt zonder het tegen hem te zeggen. Het is niet in de haak, ik weet het. Het is niet goed om op die manier of om de redenen die ik had een kind te krijgen. Ik voelde me er verschrikkelijk schuldig om.

Maar, o God, ik was zo eenzaam. Ik verlangde zo naar iemand om van te houden. Ik hunkerde ernaar om een ander mens vast te houden en naar een gezicht te kijken dat teder terugkeek naar het mijne, zonder weerzin. En ik had iemand nodig die op mij leek. Ik wilde mijn liefde geven aan iemand die hetzelfde bloed, dezelfde gelaatstrekken als ik had.

Ik hoefde hem niet te vertellen dat ik zwanger was. Hij wist wanneer ik mijn menstruatie oversloeg. Hij hield alles van mij nauwkeurig bij. Ik mocht zelfs niet eens de deur op slot doen wanneer ik naar het toilet ging. Hij hield bij hoeveel tampons ik per maand gebruikte.

Toen ik zwanger was, probeerde ik mijn buik zo goed mogelijk tegen hem te beschermen. Ik was verliefd op het kind daar binnen in me en begon onmiddellijk fantasieën uit te spinnen over hoe ons leven eruit zou zien als we alleen met z'n tweetjes waren.

Ik wist vanaf het allereerste moment dat ik van een dochter in verwachting was. Ik verlangde hevig naar die moeder-dochterband. De vrouwen van de kerk zeiden dat ze aan de manier waarop ik het kind droeg, konden zien dat het een jongetje was, maar ik wist wel beter. Moeder en dochter: zo moest het zijn.

Als D. naar zijn werk was, praatte ik voortdurend tegen mijn kind. Ik vertelde haar wat ik deed: 'Wees niet bang, schat, als je je nu ondersteboven voelt liggen. Ik buig me voorover om de vloer te dweilen. Maar er is niets aan de hand. Ik neem je alleen even mee op een ritje in de achtbaan.' Ik aaide mijn buik en zong voor de baby: 'You are my sunshine, my only sunshine. You make me happy when skies are grey.' Ik zat in de schommelstoel en las haar gedichten voor: 'Die was van Donne, schat. Nu ga ik je iets van Amy Lowell voorlezen.'

Toen ik zo'n zes maanden zwanger was, had ik 's morgens vreselijk veel last van misselijkheid en kon ik een keer mijn bed niet uit om het ontbijt voor D. klaar te maken. We hadden zo'n typisch jaren zeventig waterbed dat op de grond lag in een houten geraamte.

D. stond naast het bed met zijn werklaarzen en een kaki broek aan, en zei niets toen ik hem vertelde dat ik te ziek was om op te staan. Hij keek me alleen maar aan.
Toen sprong hij van de vloer op mijn buik en vertrok naar zijn werk.
Tijdens mijn zwangerschap ging D. met me mee naar zwangerschapsgym en de mensen in de kerk waren onder de indruk. De perfecte echtgenoot die zich perfect gedroeg. Ik wilde dat Leigh geboren werd zonder welk verdovend middel dan ook in haar lichaam. Ik wilde dat ze zo sterk en naturel mogelijk ter wereld kwam. In de verloskamer van het ziekenhuis zuchtte en zwoegde ik en telde de weeën, terwijl D. naar een slapstick op de tv zat te kijken. 'Hou je mond,' zei hij als ik pufte. 'Ik mis de clou nog.'
Na Leighs geboorte vertrok D. om met een stel vrienden naar een feest te gaan en zei tegen me dat hij niet van plan was om me van het ziekenhuis naar huis te brengen. 'Mijn vrienden geven maar één keer per jaar zo'n feest en dat laat ik niet aan mijn neus voorbijgaan,' zei hij. 'Je bent toch volwassen? Je ziet maar hoe je thuiskomt.'
Pa had een koorrepetitie in de kerk en ma durfde niet te rijden, dus wachtte ik tot de repetitie voorbij was en mijn ouders ons oppikten. D. kwam pas de volgende dag laat thuis, dus nadat mijn ouders ons hadden afgezet, kleedde ik me uit en legde Leigh naast me in bed. Ik gaf haar de borst en streelde haar zijdezachte, donkere haar, en voor het eerst sinds Omma's dood sprak ik zonder angst of schaamte uit de grond van mijn hart tegen een ander menselijk wezen.
Ik vertelde haar hoe mooi ze was, hoe perfect en uniek. Ik vertelde haar dat ze mijn allerliefste dochter was en de meest fantastische van alle schepselen Gods. Ik vertelde haar dat ik altijd van haar zou houden; dat ik bereid was mijn leven voor haar te geven. Ik bedankte haar voor het feit dat ze haar leven met mij wilde delen. Ik vertelde haar dat de bodemloze leegte in mijn hart met haar komst gevuld was en dat ik mijn hele leven had gewacht op het moment dat ze in mijn armen zou liggen.

Meestal praatte ik alleen tegen haar als D. niet thuis was: hij wilde niet dat ik iets zei tenzij ik werd aangesproken. Maar als Leigh en ik alleen waren, praatte ik voortdurend tegen haar, vertelde ik haar verhalen, las haar gedichten voor, en herhaalde telkens weer hoeveel ik van haar hield.

Voor mij was Leigh ongelofelijk mooi. Ze had enorme donkere ogen en een schitterende glimlach. Ik was vol ontzag voor haar uitzonderlijke begaafdheid. Met achttien maanden was haar verbale bedrevenheid verbazingwekkend: ze kon zowat alles in huis benoemen en kende de namen van haar favoriete boeken en liedjes. Ze zong met me mee als ik overdag met haar door het huis danste en wanneer ik haar voor haar dutje in slaap wiegde. Toen ze twee was praatte ze in volledige zinnen; tegen haar derde las ze bijna alles.

Ik fantaseerde dat D. op een dag dood zou gaan of bij ons weg zou gaan, en we samen in een huis zouden wonen, wij alleen, en doen wat we maar wilden. Niemand zou tegen ons schreeuwen omdat we te veel lawaai maakten bij het spelen of onze tijd verspilden of het huis niet vlekkeloos schoonhielden.

En zij zou alleenheerseres in haar rijk zijn. Ik wilde dat ze nooit verdriet had, zich nooit gefrustreerd zou voelen, zich nooit alleen zou voelen. De liefde die ik voor haar voelde was zo intens dat ik ervan schrok. Ik keek urenlang naar haar wanneer ze in haar bedje sliep, vervuld van ontzag.

Zodra Leigh en ik samen thuis waren, was het bijna alsof de wereld alleen uit ons tweeën bestond. D. was het grootste deel van de tijd weg. Ma wilde niet langskomen om te helpen omdat het te vermoeiend voor haar was. Ik had geen vrienden of vriendinnen die op bezoek kwamen, omdat D. dat niet toestond. Eigenlijk was dat ook veel beter zo. Wat mij betrof hoorde het ook zo te zijn: moeder en dochter die een vredig eilandje creëren temidden van een vijandige wereld.

Ik heb in die jaren nooit gehuild. Zelfs wanneer de angst en fysieke pijn immens waren, bleef ik aan de buitenkant kalm. Alle

schreeuwen bleven binnenin en waren meestal op mezelf gericht: 'Je bent zo lelijk! Je had nooit geboren mogen worden; je was een gigantische vergissing. Niemand zal ooit van je houden.'
Tijdens mijn huwelijk ging iedere klap en stomp en trap vergezeld van een band die telkens weer in mijn hoofd werd afgedraaid: 'Dat is wat je verdient. Dat is wat je verdient. Dat is wat je verdient.'
D. vond het heerlijk om te waterskiën en bijna ieder weekend gingen we met de boot weg. Op een zaterdag keerden we terug naar de oever en ik zat op de rand van de boot, voorovergeleund om de boot aan de steiger vast te maken. Mijn linkerbeen bungelde in het water tussen de boot en de steiger. D. zette de boot ineens in z'n achteruit waardoor mijn been heel even tegen de stijger klapte voordat hij de motor uitzette.
Toen ik de klap voelde, wist ik zeker dat mijn been eraf gehakt was, maar ik keek naar beneden en zag dat hij er nog aan zat, hoewel er een hele rare knik in zat: alsof iemand een papieren poppetje had gepakt en zijn been voor de helft de verkeerde kant op had gevouwen. Onmiddellijk werd mijn been diep indigoblauw en zwelde tot onvoorstelbare proporties op. Ik moest naar het ziekenhuis en D. was woedend op me omdat ik zijn weekend had verpest.
Op de lange wandeling van de steiger naar de auto hinkte en schuifelde ik afwisselend voort terwijl D. voor me uitliep. Hij legde me nooit uit waarom hij de boot in z'n achteruit had gezet en ik heb het hem nooit gevraagd.

Dertien

Vlak na Leighs geboorte bracht D. een vriendin mee van zijn werk om bij ons te eten. D. liet haar niet met rust. Hij was charmant en vriendelijk en probeerde haar te versieren, en ik keek toe terwijl ik het avondeten opdiende, de keuken schoonmaakte en Leigh in bad stopte. Later bracht D. de vrouw naar huis. Hij kwam pas de volgende morgen thuis.

We hadden een boot en een huisje bij de rivier en in de zomer wilde D. daar iedere zaterdag naartoe. We moesten op tijd terug zijn voor de kerkdienst op zondagmorgen, dus kwam het er altijd op neer dat ik om drie uur 's nachts terugreed terwijl D. op de achterbank lag te slapen.

Op een dag bood hij een vrouw een lift aan. Ik draaide de achteruitkijkspiegel een stukje omhoog zodat ik ze niet kon zien en bleef strak voor me uitkijken terwijl ik naar huis reed, proberend me op de weg te concentreren en de geluiden buiten te sluiten die ze maakten terwijl ze sex op de achterbank bedreven.

Ik raakte gewend aan zijn overspel. Ik wendde aan de geur en de veelzeggende tekenen ervan, en het deed me verbazingwekkend weinig pijn. Ik pakte de wijnglazen op van de vloer van de slaapkamer en legde schone lakens op bed zonder een woord te zeggen of een traan te laten.

Ik wist dat D. dol was op sex. Hij hield er alleen niet van met mij.

D. zei dat hij alleen sex met mij kon hebben als hij over iemand anders fantaseerde. Hij vond de littekens van de brandwonden op mijn lichaam walgelijk. Hij zei tegen me dat ik lelijk was. Dus bleef hij kijken naar een plaatje in de *Penthouse* terwijl we sex bedreven; hij keek nooit naar mij als dat gebeurde. Er was nog een andere manier: als ik pijn had, wond hem dat op.

Ik dacht veel over de dood na: niet alleen over mijn eigen dood, maar ook over die van D. Scheiding was ondenkbaar. Dat ging tegen het woord van God in, en ik haalde het niet in mijn hoofd om mijn ouders op die manier teleur te stellen en de kerk te choqueren. Mijn enige redding was volgens mij de dood.
's Nachts wanneer ik wakker in bed lag met D. naast me, bedacht ik verschillende scenario's over hoe ik hem kon vermoorden en er ongestraft van af kon komen. Maar er zaten altijd zwakke plekken in en ik wilde niet gearresteerd worden. Ik zocht naar de perfecte moord. Maar één keer deed zich toevallig de perfecte gelegenheid voor en moest ik ervan afzien.
We kampeerden in de Grand Canyon en D. en ik hadden een lange wandeling gemaakt. D. fotografeerde graag en hij stond vlak bij de rand van de afgrond foto's te maken. Het was schemerig. We waren helemaal alleen; er lagen vertrapte varens en kiezelstenen. De grond was erg onstabiel. D. stond met zijn rug naar mij toe en ik dacht: er is maar één duwtje nodig. Dan zou mijn huwelijk voorbij zijn, er zou een einde aan de ellende komen, de fysieke en emotionele mishandelingen zouden stoppen. Leigh en ik zouden vrij zijn.
Iedereen zou zeggen hoe triest het was, maar hij had ook niet zo dicht bij de afgrond foto's moeten nemen.
Net op het moment dat ik een stap naar voren deed, hoorde ik Leigh, die in een draagzak op mijn rug zat, iets tegen me zeggen. Ik hoorde haar wakker worden. Ik voelde dat haar voetjes tegen mijn ribben trapten. Ze keek dezelfde kant op als ik. Ze zou het zien. Dus bleef ik als aan de grond genageld staan, en ook al was ze nog maar zes maanden oud en zou ze het zich waarschijnlijk

niet herinneren, ik kon het risico niet nemen. Ik kon mijn kind niet laten toekijken terwijl een van haar ouders stierf.
D. draaide zich om en zag mijn gezichtsuitdrukking. Hij zei: 'Wat mankeert jou in vredesnaam?'
Ik gaf geen antwoord en we liepen het pad af terwijl Leigh haar babyliedjes zong.
Met de geboorte van Leigh veranderde mijn kijk op de dood, hoewel mijn gevoelens over mezelf niet veranderden. Ik had nu een reden om in leven te blijven: ik wilde de zorg voor mijn dierbare dochter aan niemand anders toevertrouwen.
Ik kreeg het doodsbenauwd bij de gedachte dat D. haar enige ouder zou worden, zonder mij om haar te beschermen. Nu er een dwingende noodzaak voor me was om te overleven, werd er een geheel nieuwe dimensie van angst aan de lichamelijke mishandeling toegevoegd. Stel dat hij niet op tijd zou stoppen en me vermoordde. Wat zou er dan met Leigh gebeuren? Dus werd ik nog docieler en verzoeningsgezinder, en deed mijn best om D.'s woedeaanvallen zo goed mogelijk af te wenden. Ik liep op eieren en gooide alles in de strijd wat ik kon bedenken om hem relatief rustig te houden.
Ik heb het grootste deel van mijn leven geleden aan een ernstige claustrofobie. Dat wist D. en hij maakte daar handig gebruik van. Soms werd ik 's nachts wakker om te ontdekken dat hij op mijn borst zat waarbij hij met zijn knieën mijn armen tegen de zijkant van mijn lichaam klemde, en hij een kussen vasthield dat hij een paar centimeter boven mijn gezicht liet zweven. Als hij zag dat ik wakker was, duwde hij het kussen in mijn gezicht, totdat ik bijna stikte. Dan tilde hij het op en probeerde ik als een bezetene adem te krijgen terwijl ik hem boven me zag glimlachen. Zodra ik weer ademhaalde, herhaalde hij het spelletje.
Toen ma op een keer iets vroeg over een blauwe plek in mijn gezicht, bracht ik het onderwerp van D.'s gewelddadigheid ter sprake. Ik had het niet eerder durven vertellen; ik schaamde me ervoor en had het gevoel alsof het alleen maar bewees wat ik allang wist: ik was als mens en als vrouw een mislukkeling en ik was volstrekt walgelijk.

Het was duidelijk uit de manier waarop ma de gesteven plooien in haar rok rechttrok en over mijn hoofd wegkeek, dat ze zich beslist niet op haar gemak voelde met het gesprek, en ik ging er niet al te diep meer op in. Ten slotte schraapte ze haar keel en vroeg me of ik de Heer om raad had gevraagd. 'Misschien doe je iets dat je niet zou moeten doen,' zei ze. 'Waarom bid je niet en vraag je God niet om je te helpen een betere echtgenote te zijn?'
Ik had het kunnen weten. Bidden, het onfeilbare wondermiddel voor welke ziekte van het lichaam of de geest dan ook. Hier hoefde ik geen hulp te verwachten.
Jaren nadat ik bij D. was weggegaan, vroegen vrienden me waarom ik in godsnaam zo lang bij hem ben gebleven. Ze waren verbijsterd dat ik niet meteen na de eerste afstraffing was weggelopen. En zelfs nadat ik het had uitgelegd, bleven ze me onzeker aankijken, niet geheel overtuigd. Ik lachte alleen maar en zei: 'Ik denk dat je erbij had moeten zijn.'
Ik wilde wel weg, maar het leek net zo onmogelijk als naar de maan vliegen. Waar moest ik heen? Wie wilde me helpen? Ik was volstrekt op mezelf aangewezen. Iedereen in het stadje kende D.; iedereen mocht hem. Mensen vonden dat ik verdomd veel geluk had gehad met hem: de huwelijkskandidaten hadden toch niet bepaald in een rij voor me op de stoep gestaan. Hij zag er goed uit en was een gerespecteerd en vooraanstaand kerklid. Niemand zou geloven wat er gebeurde als hij de deur achter zich had dichtgetrokken. Niemand zou me sowieso geloven.
Ik kon mijn ouders niet weer teleurstellen. Ik kon de kerk niet laten vallen. Maar het kardinale punt was: ik verdiende niet beter. Ik was weerzinwekkend, absoluut niets waard. Natuurlijk kuste hij me niet of bedreef de liefde niet met me zoals normale mensen dat deden. Ik was niet normaal. Ik was minder dan menselijk. Ik was lelijk en walgelijk. Natuurlijk deed hij me pijn. Ik had zelfs niet mogen leven. Ik was de oorzaak van onmetelijk veel ellende. Ik was de oorzaak van Omma's dood. Ik stelde mijn adoptiefouders teleur. Ik schoot tekort in de ogen van God.
Niemand zou me ooit tijdens sex in de ogen kijken en mijn naam

noemen en overstromen van liefde. En waarom zou iemand dat ook doen? Als ik een man zou zijn geweest, zou ik dat toch ook niet hebben gedaan? Natuurlijk niet. Als ze de keus hadden, geloofde ik, zou niemand het in zijn hoofd halen om mij te kiezen. Ik wist dat ik niet het soort vrouw was op wie mannen verliefd werden. En ik twijfelde er niet aan waarom. Ik begreep het altijd. Het enige dat ik hoefde te doen, was in de spiegel kijken.
Ik vermeed spiegels zoveel mogelijk, en liet mezelf bijna nooit fotograferen. Maar als ik gedwongen werd om naar mezelf te kijken, werd ik overspoeld door minachting. Ik zag een misvormd gezicht, onhandelbaar haar en een lelijkheid die geen medelijden meer verdiende. Ik haatte ieder facet van mijn gezicht en lichaam: mijn pseudo-Aziatische ogen, mijn brede jukbeenderen, tot en met alle lagen onder mijn huid en mijn schedel.
Toen ik een kind was, hadden ze me gestraft omdat ik tegen ma en pa had gezegd dat ik wou dat ik getrouwd was omdat ik hield van hoe ik rook en me voelde, en ik dat met mijn man wilde delen. Deze man wilde me niet zien, laat staan me ruiken of aanraken.
D. kuste me beslist niet, en ik heb maar één keer geprobeerd hem te kussen. We zaten na het eten voor de televisie, en het was tot dan toe een rustige avond geweest. Ik voelde zo'n opluchting dat D. een paar uur niet in woede was uitgebarsten, en toen hij hard lachte om iets op de televisie, voelde ik een golf van warmte en dankbaarheid door me heen stromen, boog me impulsief naar voren en kuste hem op de lippen. Met een ruk trok hij zijn hoofd naar achteren en gaf me een harde stomp met zijn vuist tegen mijn kaak. 'Waag het niet dat ooit nog een keer te doen,' zei hij tegen me. Ik deed het ook nooit meer.

Nog jaren na mijn scheiding deinsde ik achteruit als iemand een onverwachte beweging richting mijn hoofd maakte. Als ik een afspraakje met een man had en hij bracht zijn hand naar mijn wang, trok ik heel vaak met een ruk mijn hoofd weg en kromp ineen. Als ik erg overrompeld was, kon ik zelfs een hand optillen

om mijn gezicht te beschermen.
Het was frustrerend voor degene met wie ik was. Soms werden ze boos omdat ze mijn reactie zagen als een afwijzing, of ze interpreteerden het als teken van wantrouwen en veronderstelden dat ik dacht dat ze me pijn wilden doen.
Het was onmogelijk voor me om naar tevredenheid van hun of van mezelf uit te leggen waarom ik zo reageerde: dat ik het niet bewust deed en dat het zo moeilijk voor me was om te geloven dat iemand zijn hand liefdevol naar mijn gezicht uitstak. Mijn reflexen verwachtten geslagen te worden. Het was niet meer dan een reactie die zich in de loop der jaren ontwikkeld had. Het kostte mijn reflexen vele jaren om te leren dat een hand die naar mijn gezicht bewoog me uiteindelijk zou liefkozen.
Als iemand me op mijn gezicht kust, brengt me dat nog steeds onbeschrijfelijk in vervoering. Zoveel jaren verlangen om gekust te worden en nu ontdekken dat mensen me wíllen kussen – dat het voor hen niet iets weerzinwekkends is – is iets waar ik nooit genoeg van krijg. Ik neem het nooit als vanzelfsprekend aan. Ik vind een kus nog altijd het verbazingwekkendste dat je kunt krijgen. Het is voor mij een wonder dat iemand opzettelijk en met verlangen zijn gezicht naar het mijne beweegt en zijn mond op mijn huid legt en er ook nog genoegen in schept.
Ik denk dat ik, omdat ik zoveel jaren naar een kus heb gesmacht, er nu zo intens van kan genieten.
De drijfveer die ik nodig had om uiteindelijk een einde aan mijn huwelijk te maken, was Leigh. Het was één ding om zelf te lijden – dat leek volkomen normaal en juist – maar ik kon niet ook haar laten lijden. Ze vertrouwde erop dat ik haar beschermde en ze was het meest dierbare op aarde dat ik had.
Op een avond was de beslissing binnen een seconde genomen. D. mishandelde me die avond in Leighs kamer. Ze was toen net een jaar of twee. Als ik ook maar één kik gaf, zei hij, zou ze wakker worden en zien wat er gebeurde. Dat was de enige waarschuwing die ik nodig had om me te laten zwijgen.
Ik weet niet waarom hij die avond Leighs kamer uitkoos; ik denk

dat de gebruikelijke manieren van mishandelen hem alleen maar begonnen te vervelen en hij behoefte aan iets nieuws had om zichzelf op te peppen. Ze lag in haar bedje met haar gele badstof slaappakje aan en het maanlicht wierp schaduwen van de spijltjes over haar mooie gezichtje. Ik hield me vast aan de spijlen en beet op mijn lippen om het niet uit te schreeuwen, met de vaste wil dat ze bleef slapen. Ik was doodsbang dat ze wakker zou worden, rechtop zou gaan zitten en door de spijlen zien wat D. deed. Stel je voor dat ze tussen de spijlen loerde en zag dat haar moeder werd vermoord? Koste wat het kost moest ik dat zien te voorkomen.
Zodra hij in slaap viel, sloeg ik Leighs dekentjes om haar heen en glipte met haar in mijn armen door de achterdeur weg. Ik had niets bij me, geen geld, geen kleren. Stroompjes opgedroogd bloed zaten op mijn lichaam en ik had een verzameling verse blauwe en oude, geel geworden plekken op mijn lichaam.
Ik liep blootsvoets door de helder maanverlichte woestijn met Leigh in mijn armen. Ik voelde het meest wonderbaarlijke vredige gevoel temidden van gevaar, en ik had een eigenaardig verdoofd gevoel alsof er een ander tafereel uit een andere tijd werd opgevoerd. Ik voelde me rustiger en serener dan ik me in jaren had gevoeld. Ik werd vervuld van een stilte in me, alsof ik samen met mijn dochter werd beschermd op een veilige plek midden in een wanhopige chaos.
Leigh werd wakker en ik ging op een rots zitten zodat ze kon spelen met wat wilde bloemen, en we zongen een oud Engels madrigaal waarvan ze hield:

Overal rondom ons nest, zo ver als het oog reikt
Zijn velden vol boterbloemen met zilveren randjes;
Waar het fluitekruid langs de haagdoorns staat.
Het is de zichtbare verstildheid; zo stil als de zandloper.
O, houden we vast in ons hart als onsterfelijke gift
Dit nabij-vergezellende, sprakeloze uur;
Toen tweevoudige stilte het lied was:
het Lied van de Liefde.

Leigh aanvaardde wat er gebeurde en vroeg niets. Ze genoot van de wandeling en het maanlicht en het lied en de wilde bloemen. Ik liep door de nacht naar het huis van mijn ouders en klopte op de deur. Ze lieten me binnen en zeiden niet al te veel toen ik vertelde dat ik wilde scheiden.

Ik denk dat ze allebei waren geschrokken van de staat waarin ik lichamelijk verkeerde, maar ze waren getraind in niets opmerken, dus wendden ze hun ogen af; ma zei tegen me dat ik een douche moest nemen. Nadat Leigh in slaap was gevallen, vertelde ik hun dat D. me mishandeld had vanaf de eerste dag dat we getrouwd waren en dat ik besloten had te vertrekken. Ze vroegen me erover te bidden. 'Heb je gevraagd wat de wil van de Heer is in deze kwestie?' vroeg pa. Ik loog en vertelde hun dat ik dat had gedaan. Ik zei dat de Heer wilde dat ik Leigh beschermde en dat dit de enige manier was om dat te doen.

Pas toen ik hun vertelde over het overspel dat D. pleegde, hielden ze op me de les te lezen. De bijbel staat echtscheiding toe als er sprake is van overspel, zei pa, hoewel de vrouw niet geacht wordt nogmaals te trouwen. Maar dat is het enige dat als scheidingsgrond wordt geaccepteerd. Mijn blauwe plekken betekenden dus helemaal niets – dat kon ik optellen bij het geluk dat ik in staat was om samen met Christus te lijden – maar overspel is een zonde.

Toen D. de volgende morgen langskwam, probeerden ze een goed woordje voor hem te doen, maar ik voelde me – voor het eerst van mijn leven – tegen alles en iedereen bestand. Alle onderdanigheid die zo kenmerkend voor me was geweest, was op slag verdwenen. Ineens, zonder er een gedachte aan te wijden of er mijn best voor te doen, was het alsof ik iemand anders was. D.'s smeekbeden en bedreigingen en beloftes deden me niets. De gedachte aan de problemen die mijn ouders in de kerk zouden krijgen of de afkeuring van de mensen in het stadje deden me niets. Eindelijk was het zover: mijn dochter en ik waren samen en sterk en veilig: we hadden niemand anders nodig.

Deel vier

De bomen groeien hoog op in het woud van mijn dromen.
Ze fluisteren en strelen, verstrengeld door kalme stromen.
Leid mij, licht zo zacht; zilveren maan in de donkere nacht
Terwijl de bladeren liefdesliederen voor me zingen.

De regen daalt neer in het woud van mijn dromen.
Door de mist zie ik een glimp fluweelzacht grasgroen.
Spoel weg mijn tranen, al die verloren en eenzame jaren
Terwijl de bladeren liefdesliederen voor me zingen.

Mijn hartewens woont in het woud van mijn dromen.
Met hem beweegt mijn ziel door de schaduwen van de bomen.
De geest van Pan in het lichaam van een man;
En de bladeren zingen liefdesliederen voor me.

Veertien

Ik nam een van de auto's mee, een paar meubels, kleren van Leigh en mezelf, en wat serviesgoed toen ik uit dat huwelijk stapte. D. hield het huis en het geld. Omdat ik naar een kleine woning verhuisde waar ik geen huisdieren kon houden, en D. de hond niet meer wilde, moesten we haar aan mensen in de buurt geven.

Vanaf dat moment bouwden Leigh en ik een leven op dat een Amerikaanse incarnatie van mijn Koreaanse leven met Omma was. We brachten zoveel mogelijk tijd samen door. We speelden wanneer we er maar zin in hadden. We schiepen een wereld voor onszelf. Als het donker werd, stapelden we boeken en kussens op het bed en kropen dicht tegen elkaar aan; we lazen, bespraken de boeken, verzonnen verhalen en dronken pepermuntthee totdat zij in slaap viel. Daarna las ik nog de hele nacht door terwijl haar donkere hoofdje behaaglijk tegen mijn schouder lag.

Omma, die net zo onstuimig van mij hield als ik van mijn eigen dochter, had niet samen met mij kunnen vluchten, om welke reden dan ook. Na haar dood had ik helemaal niemand meer. Op de avond dat ik met mijn dochter vluchtte, voelde ik me ongelofelijk uitgelaten: we proefden van de vrijheid en we proefden er samen van.

Relatief gezien waren mijn dochter en ik even arm als Omma en ik waren geweest, en wij zetten de nalatenschap voort van armoede ombuigen in een spel. We gingen op jacht naar schatten totdat we genoeg kleingeld bij elkaar hadden geschraapt om een zak rijst te kopen. Leigh kwam dan triomfantelijk schreeuwend te voorschijn van achter de kussens op de bank of van onder de vloermatten van de auto, met wat geld in haar hand geklemd. En net als bij mij, drong het pas op veel latere leeftijd tot mijn dochter door hoe onzeker haar dagelijkse bestaan tijdens haar vroege jeugd was geweest.

Leigh en ik bleven in hetzelfde stadje wonen maar betrokken een woonruimte van honderdvijftig dollar in barakken die oorspronkelijk waren gebouwd voor de seizoenarbeiders die werkten in de dadelpalmplantages in de buurt. Het huis had één ruimte die door middel van een muurtje verdeeld was in een woon/slaapafdeling en een nog kleinere keuken met douche en toilet.

Het deed me denken aan het hutje aan de rand van het dorp waar ik met Omma had gewoond: een smerig hok voor de allerarmsten. We deelden het woninkje met een peloton dadelpalmkevers, uit hun krachten gegroeide exemplaren die rondrenden als gepantserde despoten. Als we het gordijn voor het mini-douchehok met zijn gepleisterde muren wegtrokken, bleven ze doodstil staan, rondom het afvoerputje, en staarden ons aan. Ze deden een dutje in de enige rij kastjes die tegen de muur in de woonkamer stond en lieten hun sporen achter rondom de blaren in de verf die afbladderde en dagelijks van de muren viel.

We hadden een matras die op de vloer lag en een paar meubelstukken die we uit ons voormalige huis hadden gered. We versierden het huisje met wilde bloemen en lange slierten grassoorten die voor de deur groeiden. Leigh maakte tekeningen en we fabriceerden dan lijstjes van gekleurd papier dat ik van mijn werk had meegepikt, en hingen ze aan de muur.

Ik maakte van hetzelfde papier poppetjes voor haar en we gebruikten haar kleurpotloden om gedetailleerde en fantasievolle kleren voor ze te maken. Net als Omma maakte ik voor mijn

dochter een dorp om mee te spelen en onze fantasieën werden nog levendiger dan de werkelijkheid.
Hoewel ik geen vakopleiding had gevolgd en geen ervaring had, was het me door overredingskracht gelukt een baantje te krijgen als verslaggeefster voor een krantje dat eenmaal per week uitkwam. Het aantrekkelijkste aan het baantje was dat ik Leigh kon meenemen. Ze speelde onder het bureau terwijl ik de telefoon beantwoordde en ze ging met me mee op reportages. Mijn werkterrein besloeg de plaatselijke gemeenteraad, de twee scholen in het stadje en de politie en de brandweer. Ik was ook de receptioniste van de krant, de advertentie-opneemster en de typiste. Voor mijn hybridische baantje kreeg ik driehonderd dollar per maand. Op betaaldag maakten Leigh en ik er een feest van: we gingen levensmiddelen halen en kochten rijst, om het even wat voor brood van een dag oud dat er te krijgen was, groenten bij het plaatselijke stalletje langs de kant van de weg, en losse thee. We trakteerden onszelf ook op citroenijslolly's, die we bij zonsondergang buiten opaten terwijl we naar de kring van onkruid keken aan de overkant van de weg en naar de trein wuifden als deze langsdenderde.
Naarmate de maand vorderde en er een nieuwe betaaldag aankwam, raakten we meestal door het geld en het voedsel heen. Dan was het weer een hele toer om genoeg kleingeld te vinden om wat rijst te kopen, of meel waarvan ik plat, niet erg smakelijk brood bakte. Maar zelfs de zoektocht was opwindend. We gingen weer 'op jacht naar de schat', geld zoeken dus. Als we vijfenzeventig dollarcent bij elkaar hadden geschraapt, was dat voldoende. We konden genoeg rijst krijgen om het uit te zingen.
We waren creatieve koks en gebruikten alles wat we maar konden vinden om een maaltijd in elkaar te flansen. Onze brouwsels waren soms verrassend goed; maar vaker walgelijk. Maar niettemin aten we ze op en maakten grapjes over het eten. We deden net alsof we poolreizigers waren die hun laatste voedselvoorraad hadden aangesproken. Niets kon ons kapot krijgen omdat alles een spel werd.

Ik had een gehavende, oude piano die een buurman me had gegeven, en vaak zat Leigh 's avonds naast me op het bankje en zongen we samen. Ze legde haar hoofd in mijn schoot en viel langzaam in slaap terwijl ik speelde en mooie songs van Van Morrison zong:

She's as sweet as tupelo honey,
She's an angel of the first degree.

Leigh en ik deden regelmatig gewoon waar we zin in hadden. Vaak betekende dat spijbelen van werk of school. Zo nu en dan besloot ik vroeg met werken te stoppen. Eén keer haalde ik Leigh bijvoorbeeld op school op en zei tegen de administratrice van de school dat ze een afspraak met de dokter had. Het was augustus, en een zonnige en heldere dag. Leigh was uitgelaten en enthousiast en we voelden ons allebei blij.

Ik was op weg naar haar school langs huis gegaan en had mijn badpak aangetrokken met daaroverheen een rok en een mouwloos T-shirt. Ik nam ook haar badpak mee. En in de auto rijdend over de kustweg hurkte Leigh neer onder een handdoek en trok haar badpak aan terwijl we allebei zaten te giechelen. We speelden de hele middag in het water totdat we verbrand waren en rozig en volkomen tevreden. Onderweg terug naar huis haalden we een ijsje en aten het in de auto op. Onze gezichten en handen waren plakkerig van het ijs en we trokken gekke gezichten naar elkaar.

Toen we thuis waren, gingen we op zoek naar eten in de koelkast, nog steeds met de kriebels van het zand en met onze zwempakken aan. Veel zat er niet in – wat aardappelpuree en spaghettisaus en doperwten – en we vonden het er allebei niet erg smakelijk uitzien. Leigh zei dat het er dan wel niet erg goed uitzag om te eten, maar het wel heel leuk zou zijn om er mee te vingerverven. Dus haalden we het uit de koelkast en stortten het op de keukenvloer. Met onze badpakken aan verfden we het eten met onze handen over de schone formicavloer, rondglibberend

en lachend tot we pijn in ons buik hadden.
Op vrijdagavond gingen we altijd uit. Er was een drive-inbioscoop in het stadje, dus legde ik op vrijdagavond dekens en kussens in de auto en kleedde Leigh warm aan in haar pyjama en roze konijnensloffen, waarna we bij Kentucky Fried Chicken een klein doosje met drie stukken kip, een broodje, wat puree en koolsalade haalden. Ik had ook een thermoskan met thee meegenomen en dan kropen we lekker tegen elkaar aan onder de dekens en aten samen onze kleine maaltijd op.
Het was niet de rijst en kimchi en gerstethee uit mijn jeugd, maar de rituelen rond het eten leken er veel op: we deelden het voedsel – één hapje voor Leigh, één hapje voor mij – en we bewaarden de lekkerste stukjes voor elkaar. We zeiden dat het eten veel beter smaakte als de ander het eerste hapje had genomen, en daarom giechelden en kibbelden we samen over wie eerst mocht. We keken zo ongeveer een uur naar de film die er toevallig draaide voordat Leigh in slaap viel. Zodra ze sliep keek ik de rest van de film uit, of ik reed als hij erg slecht was meteen naar huis. Ik legde haar in bed, deed mijn nachtjapon aan en trok haar dicht tegen me aan, als lepeltjes achter elkaar liggend, en kuste haar op haar hoofd. Net als Omma zorgde ik ervoor dat ik tussen mijn kind en de deur lag.
We gingen samen slapen en voelden ons helemaal niet arm of eenzaam. Soms bespraken we soezerig de verdienstelijkheid van de film; soms verzonnen we gekke liedjes.
Net als Omma schiep ik verhalen voor mijn dochter over haar toekomst: ze zou in een prachtige grote stad wonen waar al haar dromen zouden uitkomen. Door de verhalen vervlocht ik luisterrijke passages uit de boeken die we de ene na de andere avond lazen: Coleridge en Shakespeare en C.S. Lewis en Roald Dahl maakten allemaal deel uit van een heerlijk, enthousiasmerend spinsel. We gebruikten alles wat we lazen en maakten het tot iets dat alleen van ons was: ik declameerde vanaf dat ze heel klein was gedichten voor haar, maar verwerkte haar naam erin. Aan 'Kubla Khan' van Coleridge werden bijvoorbeeld andere be-

woordingen gegeven zodat het haar eigen verhaal werd: 'In Xanadu vaardigde prinses Leigh een staatsdecreet uit aangaande een lusthof: waar Alph, de heilige rivier, door voor de mens onmetelijke spelonken naar een zonloze zee stroomt.'
Of ik nu in Korea was of in Amerika, deze spinsels maakten het leven draaglijk.

Toen Leigh ouder werd, bleef de behoefte aan saamhorigheid voor ons bestaan. Terwijl ze eigenlijk met vriendjes en vriendinnetjes had moeten spelen of haar eigen interesses volgen, bleef ze bij mij. Allebei hadden we last van sterke scheidingsangsten. We voelden ons alleen veilig als we samen waren.
Toen Leigh nog maar een jaar of elf was, besloten we vegetariërs te worden. Het was voor ons allebei een makkelijke beslissing. We geloofden allebei sterk in de onschendbaarheid van alle leven en dat je alles wat leeft met vriendelijkheid en respect behoort te behandelen. Dus toen Leigh op een dag in tranen uit school thuiskwam en vertelde dat ze een film had gezien over de afschuwelijke toestanden in slachthuizen, was het een logische stap voor ons om geen vlees meer te eten.
Het maakte ook maar weinig verschil met hoe we anders, uit financiële noodzaak, aten. Dus werden we veganisten waarbij we zo nu en dan afvallig waren door zuivelproducten tot ons te nemen. We experimenteerden met tofu en sojavlees en eivervangers, maar meestal hielden we het bij de basisdingen: rijst, pasta, zelfgebakken brood, groente en fruit. Ik denk dat we de enige vegetariërs in het stadje waren en we werden er allebei doodmoe van om voor de zoveelste keer te moeten uitleggen waarom we geen vlees, gevogelte of vis aten.
Het vegetariër zijn was voor mij, op dat moment in mijn leven, iets dat bijna aan religie grensde. Ik was een hartstochtelijk pleitbezorgerster. Ik identificeerde me met de dieren die uitsluitend ten behoeve van menselijke consumptie worden gefokt. Ik huilde om de benarde toestand waarin kuikens zitten: opgepropt in kleine, smerige kratten, hun snavels afgezaagd en hun lijden verzwegen.

Mensen zeiden dingen tegen me als: 'Het zijn maar beesten. Ze zijn hier op aarde voor ons nut.' Ik reageerde op dergelijke zinnen heel fysiek, misschien omdat ik ontelbare keren in mijn jeugd heb moeten horen dat ik 'net een beest' was. Ik had een groot deel van mijn leven geleden omdat ik als minder dan menselijk werd beschouwd. Dieren leden omdat ze minder dan menselijk waren.

En in mijn ogen hadden mensen weinig om trots op te zijn als ze zonder erover na te denken andere levende wezens zo wreed behandelden.

Mijn ouders hadden ondertussen de scheiding geaccepteerd, maar we spraken er zelden over. Leigh en ik gingen ieder weekend bij hen op bezoek en we gingen nog steeds naar hun kerk: niet omdat ik geloofde maar omdat ik de vrede wilde bewaren. Ze gaven Leigh dezelfde streng gelovige preken als ze mij altijd hadden gegeven, maar in tegenstelling tot mij schikte ze zich er niet in.

'Dat is niet aardig,' gaf ze pa te verstaan als hij zei dat iedereen zonder Christus uiteindelijk in de hel zou komen. Leigh vormde haar eigen mening en aarzelde nooit die te vertolken. Toen ze ouder werd, werd ze steeds onvermurwbaarder. Toen ze vier was, had ze op een keer iets tegen een van pa's preken en vertelde hem dat. 'Ik ben het niet met u eens,' zei ze. En toen hij haar daarna vroeg of ze over haar gedrag gebeden had, reageerde ze daar zonder omwegen op: 'Daar hoef ik niet over te bidden. Ik weet wat ik denk.'

Een van de eerste emancipatorische daden zou ons vertrek uit de woestijn zijn. Ik hunkerde naar groen. Mijn hekel aan de woestijn was nooit minder geworden, en ik had het gevoel dat een heleboel pijn die ik ervoer, verlicht kon worden als ik gewoon naar buiten kon lopen en een normaal grassprietje of een boom vol bladeren zou zien.

In het woestijngebied waarin ik opgroeide, lagen er verspreid in afgelegen gebieden allerlei hutten. Je kon schreeuwen tot je een

ons woog, maar niemand kon je horen. Verschrikkelijke dingen konden er gebeuren achter die dunne, dakspanen muren en niemand zou je te hulp komen. Die hutten lagen kilometers van de grote wegen en kilometers van elkaar.
Ik heb nog steeds een hekel aan de woestijn. Ik heb er nooit de ongecompliceerde schoonheid van in kunnen zien die andere mensen erin zagen. Voor mij is het een desolate plek waar niets groens en teers kan groeien. Iedere verwachtingsvolle grasspriet of fragiele plant kwijnt weg in die genadeloze hitte. Alles heeft te lijden van de meedogenloze zon en wind. De huid van mensen wordt donker en leerachtig. Ik denk dat zielen door de woestijn verdorren zoals al het andere erdoor verdort.
Iedere nacht hoorde ik de coyotes janken en het geschreeuw van een of ander ongelukkig dier als ze het verscheurden. Tamelijk vaak was het slachtoffer een of ander huisdier, een kat of een hond die per ongeluk buiten was wanneer de coyotes op hun nachtelijke strooptochten uit de bergen kwamen. Iedere nacht legde ik het kussen over mijn hoofd om de doodskreten buiten niet te hoeven horen.
Zo kwamen Leigh en ik met ieder volgend baantje dichter bij de kust van Zuid-Californië te wonen. Ik volgde colleges en werkte me op naar grotere kranten. We verhuisden naar andere woningen: nog steeds klein en nog steeds eenvoudig, maar zonder de dadelpalmkevers binnen of het onkruid buiten.
Maar ons tweede huis was een stenen hutje op een hectare dorre, desolate grond aan de rand van het stadje. Het was een stap vooruit vergeleken met de barakken, en omdat we claustrofobisch werden van het tussen andere woningen met mensen opgepropt te zitten, was deze pas verworven privacy opwindend.
Ik ontdekte later pas hoe gevaarlijk privacy kan zijn.
Ik werkte bij mijn tweede krant waar ik de misdaad versloeg, en beschouwde mezelf als een soort wreker van de onschuldigen. Ik begon aan een serie verhalen over ambtsmisdrijven binnen het plaatselijke hoofdbureau van politie, waarbij ik iedereen interviewde die ik te pakken kon krijgen om de waarheid boven tafel

te krijgen. Uiteindelijk raakten een paar mensen over wie ik had geschreven hun baan kwijt en werden anderen in rang verlaagd. Niettemin had ik een goed contact met de meeste agenten in het stadje omdat ze wisten dat mijn berichtgeving eerlijk en oprecht was en omdat ze zelf ook wilden dat de rotte appels uit hun korps verdwenen. Regelmatig kwam een agent via de slingerende, onverharde weg naar ons afgelegen hutje om te vragen of ik mee wilde naar een ongeluk of drugsoverval. Iedereen wist waar ik woonde.

Op een nacht werd ik wakker door het felle licht van koplampen dat door het raam van de hut scheen en mijn eerste gedachte was dat er misschien een verhaal in de pen zat. Leigh logeerde die nacht bij een vriendinnetje en ik was alleen. Toen ik de deur opende om naar buiten te gluren, zag ik een van de mannen over wie ik had geschreven, en voordat ik iets kon doen, stond hij al binnen.

Een halfuur later was hij weer weg.

Om de een of andere reden belde ik eerst de redacteur van mijn krant. 'Ik ben verkracht,' zei ik tegen hem. 'Ik denk dat ik morgen laat op het werk kom.' In minder dan een uur stond hij met zijn vrouw voor de deur. De rest van de nacht en een deel van de morgen bracht ik in het ziekenhuis en op het politiebureau door. In de korte tijd dat ik politie- en rechtbankverslaggeefster was, had ik een paar verkrachtingszaken verslagen en had de manier waarop de slachtoffers in het getuigenbankje werden behandeld, afgrijselijk gevonden. Of het nou goed was of niet, ik wilde die weg niet volgen. Dus na een paar dagen onderhandelen werd er een akkoord bereikt: de man verloor zijn baan als ordehandhaver en ging in therapie; ik zou de zaak als afgedaan beschouwen.

Een maand later drong het tot me door dat ik zwanger was. Een andere keus dan abortus was er niet, maar ik wilde niet dat iemand het wist. Ik vroeg aan mijn redacteur een voorschot, reed op een zaterdag zelf naar Los Angeles, onderging de abortus en reed 's avonds laat trillerig terug, de hele reis over de autoweg huilend.

Ik heb met een heleboel schuldgevoelens over het hele gebeuren in de clinch gelegen. Ik heb mezelf herhaaldelijk op m'n kop gegeven omdat ik vond dat ik alles verkeerd had gedaan: ik had de deur niet open moeten doen zonder duidelijk te zien wie er was; ik had niet op zo'n afgelegen plek moeten gaan wonen waar niemand mijn geschreeuw om hulp kon horen; ik had moedig genoeg moeten zijn om een proces aan te spannen; was abortus echt de enige oplossing geweest?
Ik heb mezelf ontelbare keren achteraf bekritiseerd en ik heb getreurd om het leven dat zo vroeg afgebroken moest worden. Maar ik ben er nu mee opgehouden om te proberen een besluit te nemen over of het goed of fout was wat ik heb gedaan.
Een groot deel van de angst om de verkrachting in de openbaarheid te brengen, bestond eruit dat mijn privéleven geëtaleerd zou worden. Als mijn leven vlekkeloos was verlopen volgens de normen van die gemeenschap, was ik misschien niet zo zwijgzaam over de verkrachting geweest. Maar dat was het niet. Ik had niet in het getuigenbankje kunnen staan en me achter een façade van deugdzaamheid aan de jury kunnen presenteren. Ik schaamde me.
We zouden het hele daaropvolgende jaar nog in de hut blijven wonen. Een paar maanden na de verkrachting stond ik buiten de was op te hangen toen ik plotseling in elkaar zakte en op de grond viel. Het was een uur of twaalf op een zaterdag, Leigh was bij een vriendin, en ik had geen flauw idee wat er was gebeurd. Ik had geen pijn, maar het was alsof mijn ruggengraat ineens was weggesmolten. Ik kon mijn benen niet bewegen; ik had geen controle over mijn onderlichaam.
De waslijn was ongeveer dertig meter van het huis en het kostte me de rest van de middag om mezelf terug naar binnen te slepen, waarbij ik mijn armen en hoofd gebruikte om me voort te trekken. Toen Leigh, die elf was, thuiskwam, lag ik op de vloer van de keuken omdat ik niet bij de telefoon op het aanrecht kon. Ze belde een ambulance, en een paar uur later vertelde een neurochirurg me dat ik onmiddellijk geopereerd moest worden om

mijn vijfde lendewervel te verwijderen die volledig was verschoven en de zenuwen naar mijn onderlichaam afsneed. Hij somde een litanie op van wat er allemaal mis kon gaan: na de operatie zou ik verlamd kunnen raken, ik zou misschien nooit meer zonder hulpmiddelen kunnen lopen, ik zou later misschien een reeks operaties moeten ondergaan om de schade te repareren.

Ik werd geopereerd en ging daarna weer naar ons hutje voor een lange herstelperiode. Gedurende die tijd moest ik of plat op mijn rug liggen of volledig rechtop staan. Leigh kookte, maakte schoon en omgaf me bijna het klokje rond met zorg, op haar eigen unieke wijze. Ze las me voor uit Tolkien, Roald Dahl, Shel Silverstein en Shakespeare. Ze zette thee voor ons en nestelde zich behaaglijk in een rij kussens, boek in de hand: op dezelfde manier als ik haar een paar jaar eerder had voorgelezen.

Leigh was ook mijn fysiotherapeut. Ze begon met 'teen-aerobics', waarbij ze tegen mijn tenen duwde totdat ze enige tegendruk voelde.

Binnen een paar weken was ik in staat om te staan; verscheidene maanden later liep ik met een stok. 's Morgens en 's avonds hielp Leigh me door een batterij oefeningen heen die op een vel papier stonden dat ze in de wachtkamer van de dokter had gevonden.

Het was een beangstigende tijd voor Leigh terwijl ze haar best deed om voor me te zorgen en het zo aangenaam mogelijk voor me te maken als ze kon. Een hele tijd kon ik ook alleen maar kruipen, en dan hoorde ze me 's nacht scharrelen en kwam uit bed om te kijken of alles goed was, en zag me dan door de gang naar het toilet kruipen.

Na een paar jaar was alles meestal weer zo goed als normaal, behalve dat ik weinig gevoel meer had in mijn rechterscheen. Ik ben er nooit achter gekomen wat de oorzaak van de rugproblemen is geweest; de dokter zei dat het weleens zou kunnen zijn gekomen omdat ik jarenlang geslagen was, maar zeker weten deed hij het niet.

Al die tijd brachten mijn redacteur en zijn vrouw ons iedere week boodschappen en hij regelde het zo dat ik mijn salaris kreeg in plaats van te moeten leven van een arbeidsongeschiktheidsuitkering van de staat.

Op de dag dat we eindelijk verhuisden naar een plek buiten de woestijn, voelden we ons alsof we uit de gevangenis werden vrijgelaten.
We kwamen op loopafstand van het strand te wonen en ik was weer voor bijna honderd procent mobiel. We hadden nu een grotere woning met twee slaapkamers, een kleine binnenplaats en een strookje gras waar we tomaten en bloemen plantten.
Het is geen geheim dat verslaggevers slecht betaald worden, en hoewel ik opgeklommen was naar een grotere krant, moest ik ons inkomen aanvullen door het geven van pianolessen. Ik gaf les aan een paar kinderen uit de buurt en een stel volwassenen met wie ik werkte, maar niet aan Leigh. Ik herinnerde me nog levendig de verschrikkelijke, eindeloos lange pianolessen die ik van pa had gehad.
Of Leigh nu piano of gitaar of citer of lepels wilde leren spelen, of helemaal niets, ik vond het allemaal prima.
Ze was, net als ik, dol op boeken. Ze was ook een toneelspeelster in de dop, en onze vrije tijd werd opgeluisterd door complexe improvisaties en intriges en dialogen. Leigh was net zo'n soort leerling als ik was geweest: lessen en huiswerk gingen haar ontzettend gemakkelijk af en ze verloor snel haar belangstelling. Ze had weinig geduld voor mensen wiens verstand niet zo snel was als het hare; verschillende keren kwam ze met een briefje thuis dat ze na had moeten blijven omdat ze het taalgebruik of de spelling of een citaat van haar leraar had verbeterd.

Vijftien

De nachtmerries die me nooit hadden verlaten, namen in heftigheid toe toen ik tegen de dertig begon te lopen. Ik begon te slaapwandelen, iets dat ik eerder nooit had gedaan. Ik viel meestal rond middernacht in slaap en droomde dat ik in een kist zat opgesloten en op zoek was naar een opening. Terwijl ik rondliep binnen de perimeter van de kist in mijn dromen, verliet ik fysiek mijn bed en liep in huis rond. Ik werd meestal wakker staand voor het raam dat ik in mijn slaap had geopend, naar buiten geleund om als een bezetene de koude nachtlucht op te snuiven.

Leigh ging vaak 's nachts naar me op zoek en vond me dan op de een of andere onwaarschijnlijke plek, soms met gesloten ogen buiten rondlopend, soms opgerold in foetale houding op de vloer. Ze zegt dat ik dan vaak huilde en tegen haar sprak in een mengeling van Koreaans en Engels terwijl ze me weer naar mijn bed bracht.

Omdat ik dacht dat ik me geen Koreaans meer herinnerde behalve een paar primaire woorden, was ik stomverbaasd over wat ze me vertelde. Ik schreef sommige woorden op in de hoop dat de hele taal uiteindelijk weer terug zou komen.

Ik heb nooit geheimen voor Leigh gehad en ze wist bijna evenveel van mijn verleden als ik. Ze drong er steeds meer op aan dat ik twee dingen zou gaan doen: hulp zoeken om iets te doen aan

de acute pijn en op onderzoek uitgaan om zoveel mogelijk over mijn jeugd te weten te komen.
Ongeveer in diezelfde tijd kwam ik in een diepe depressie terecht die bijkans uitputtend was. Vaak lukte het me niet om naar mijn werk te gaan en meldde ik me ziek. Op die dagen zat ik in de woonkamer naar de muur te staren. De was stapelde zich op; de gootsteen stond vol vuile borden. Als ik naar mijn werk ging, kostte het me ieder grammetje van wat ik nog aan kracht en concentratie over had om de dag door te komen, en mijn werk was uiteraard nauwelijks redelijk te noemen.
Ik zocht uiteindelijk hulp. De fantasieën over zelfmoord, die altijd al aanwezig waren geweest, werden het enige waarover ik dagdroomde en het enige dat me troost bood. Ik fantaseerde over zelfmoord op de manier zoals sommige mensen over minnaars fantaseren. Het waren heel gedetailleerde en heel liefdevolle gedachten.
Ik wist precies wat ik aan zou trekken, hoe ik eruit zou zien en zou ruiken, hoe de omgeving eruit moest zien. Ik zou witte kleding aanhebben, en mijn haar zou gevlochten zijn en in een blauw, zijden lint gewikkeld. Mijn voeten zouden bloot zijn. Ik zou fris en schoon zijn. Ik zou naar een bos gaan en een mooie boom uitzoeken waarmee ik een spirituele band zou voelen. Ik zou er toestemming aan vragen, en als ik het gevoel had dat het juiste moment daar was, zou ik me ophangen aan zijn heilige takken.
Ik had de zelfmoordfantasie tot in de kleinste details in kaart gebracht. Ik wilde niet dat iemand zomaar op mijn lichaam stuitte, vooral niet een kind. Ik wilde niemand van streek maken die niet was voorbereid op wat ze op het punt stonden te zien.
Ik was van plan wegwijzers achter te laten om de politie te helpen om me te vinden; ik was van plan een brief achter te laten die hulpsherrifs en de lijkschouwer naar mijn lichaam zou leiden. Ik was van plan om wat waarschuwingsborden te maken voor het geval de een of andere wandelaar per ongeluk in de buurt zou komen. Ik wilde niemand van streek maken; ik wilde niemand traumatiseren.

Ik wist precies hoe ik me van mijn persoonlijke bezittingen zou ontdoen. Ik zou mijn huis schoon achterlaten zodat er niets meer opgeruimd hoefde te worden. Ik wilde niemand overlast bezorgen. Ik wilde alleen maar zo graag weg. En toch wilde ik niet dat mijn dochter haar moeder kwijt zou raken. Ik werd dus volledig verscheurd, en was boos dat ik verscheurd werd. Het enige dat ik wilde – de enige droom die ik had – kon ik niet verwezenlijken. Ik had het gevoel geen kant op te kunnen. Ik had het gevoel dat er geen enkele hoop meer was.
Ik wist dat als ik in leven zou blijven, het niet onder deze omstandigheden kon.
Veel van mijn nachtmerries keerden telkens weer terug. Ik droomde vaak dat ik door het huis zwierf op zoek naar mijn moeder. De kamers waren leeg en stil en ik kwam uiteindelijk in de badkamer waar ik het medicijnkastje opende en haar in een weckfles vond, in kleine stukjes gesneden.
Ik droomde over een houten kapstok vol hoeden. Ik was bang voor de kapstok en was tegelijk gefascineerd door de verschillende hoeden: sommige nieuw en elegant, sommige haveloos en vettig. Als ik de hoedenkapstok omdraaide, trof ik het lichaamloze hoofd van een man aan. Ik herkende hem onmiddellijk als de man van wie ik hield. Een gezicht als dat van hem had ik nog nooit gezien en ik kende het ook niet uit mijn wakende leven, maar ik wist instinctief dat ik innig van hem hield en dat hij mijn zielsverwant was. Maar ik was ook bang voor hem. Hij vroeg me niet naar hem te kijken omdat hij zichzelf walgelijk en angstaanjagend vond, en ik vertelde hem dat hij voor mij de mooiste en prachtigste persoon van de wereld was. Ik raakte zijn gezicht aan en kuste hem telkens weer – zijn ogen, zijn mond, zijn wangen en voorhoofd – en we huilden allebei. Ik voelde een golf van verlangen en tederheid en romantische liefde die ik in mijn wakende leven nog nooit had gevoeld.
Net als hij was ik bang om mijn gezicht – of mijn ziel – te laten zien, onverbloemd. Ik was bang om mensen met afschuw te vervullen. Ik verlangde er hevig naar om gezien en aangeraakt en

gekust te worden, hoe lichaamloos ik ook was. Net als hij, hulde ik mezelf in verschillende hoeden en gebruikte ze als bescherming. Ik was in het openbaar charmant en grappig, maar ik voelde me altijd alleen. Ik was vriendelijk en mild, maar ik voelde me altijd gebruikt. Ik was meevoelend en begrijpend, maar ik voelde me altijd boos.

Ik droomde vaak dat ik dwaalde door de kerk waar ik was opgegroeid, zoekend naar kleine, roze, geglaceerde cakejes. Ik keek in alle kasten in de kerk en de ruimtes van de zondagsschool, en zag ten slotte een bord vol, verstopt in een kast van een bewaker. Ik snakte naar zo'n cakeje, had behoefte aan de zoetheid en romigheid, maar als ik er een pakte, zag ik dat het bedorven was en de onderkant vol maden zat.

Ik droomde vaak dat ik in het huis van mijn ouders was. Hun toilet begon over te lopen en ladingen feces en een walgelijk ruikende vloeistof stroomden dan over de rand op de vloer. Ik moest het opruimen, maar het was als een augiasstal: het bleef sneller komen dan ik het kon opruimen. Ook al besefte ik dat het me nooit zou lukken, ik voelde me gedwongen om te blijven schoonmaken.

In veel van mijn dromen kwamen dieren voor, met kettingen vastgebonden en gewond, langzaam stervend en vreselijk lijdend. Meestal vossen, of opossums. Ik droomde dan vaak dat ik in bed lag, mijn ogen stijf dichtgeknepen. Op de achtergrond kon ik iemand horen zeggen: 'We zullen haar hoofd eraf moeten hakken zodat ze niet kan zien wat er gebeurt.'

Toen ik de eerste stappen op weg naar genezing probeerde te zetten – door middel van therapie, meditatie, door eindelijk over mijn leven te praten en me voor vrienden open te stellen – ploeterde ik voort ondanks mijn vaste overtuiging dat er genetisch een smet op mijn ziel rustte waardoor ieder sprankje hoop gedoemd was gefrustreerd te worden. Net als Blake geloofde ik dat sommige mensen gewoonweg geen enkele hoop hoefden te koesteren, en ik was een van hen:

Iedere nacht en iedere ochtendstond worden sommigen
geboren voor ellende.
Iedere ochtendstond en iedere nacht worden sommigen
geboren voor het ware genoegen.
Sommigen worden geboren voor het ware genoegen;
Sommigen worden geboren voor een eindeloze nacht.

Ik twijfelde er niet aan dat ik geboren was voor een eindeloze nacht. En een van de redenen waarom ik er zo lang voor terugdeinsde om de manier waarop ik naar mezelf keek te veranderen en de manier waarop ik de gedachte aan de dood omhelsde, was een onuitgesproken pact dat ik met Omma had gesloten. Dromen over hereniging met mijn moeder gingen vergezeld van het geloof dat ik even erg moest lijden als zij had geleden. Als zij bereid was te sterven, dan moest ik dat ook zijn.
Anders, dacht ik, had mijn levenslange lijden geen enkele zin. Mijn therapeut gaf een beroemd citaat aan me door: 'Lijden zonder zin staat gelijk aan hopeloosheid.' De zin van het lijden was voor mij aan mijn moeder gekoppeld.
Terwijl het verschrikkelijke proces om te proberen te genezen vorderde, veranderden mijn zich herhalende dromen. Ik begon weer tamelijk vaak vliegdromen te krijgen, en ik zocht daarin meestal naar een kind. Soms vond ik haar en dook dan naar beneden om haar op te pakken. Ze sloeg haar armen om mijn nek, ik wiegde haar en dan vlogen we samen weg. Soms trok ze de huid op mijn borstkas uiteen en kroop ze naar binnen, en dan was de pijn intens.

Zestien

Leighs woorden:
Van onze ouders leren we wie we zullen worden; in hun ogen zien we onze gezichten weerspiegeld. De constantheid van hun aanwezigheid stelt ons gerust, het biedt ons een veilige plek van waaruit we de wereld kunnen observeren. Mijn moeder heeft zo'n plek nooit gehad. De weelde van veiligheid is haar nooit deelachtig geworden, en ze heeft jarenlang doorgebracht op zoek in iemand of iets naar haar spiegelbeeld. Ik had haar, maar zij had niemand, en daardoor werd ik haar steun en toeverlaat toen ze het pad van zelfontdekking en zelfverwerkelijking begon te bewandelen. Ik was haar spiegelbeeld, een kleine versie van haarzelf en een levende kans om de pijn uit te wissen die ze in haar jeugd had gevoeld. In mij, denk ik, zag ze een gelegenheid om de half herinnerde verschrikkingen en onrechtvaardigheden recht te zetten die haar haar hele leven hadden achtervolgd. Toen ik nog heel jong was, maakte ze zich iedere minuut bezorgd of ik me wel op mijn gemak en blij voelde, en hoewel ze me niet tegen alle verschrikkingen kon beschermen, creëerde ze een veilige, besloten wereld voor me. Desondanks kan ik op de vingers van één hand de keren in mijn jeugd tellen dat ik haar hartelijk heb zien lachen.
Door haar ruimhartigheid, haar liefde, haar affectie heen schemerde altijd de droefheid. Ik nam het als vanzelfsprekend aan en

het kwam nooit in me op om in twijfel te trekken dat het leven voornamelijk een sombere aangelegenheid was. En niet zonder strijd heb ik ooit geleerd om anders te denken. Niets in mij kan haar die droefheid kwalijk nemen. Ik kan niet van buitenaf een oordeel vellen over een leven waarin zoveel tragiek en pijn is voorgekomen. Een liefdevollere, toegewijdere moeder had ik niet kunnen krijgen. Niettemin voelde ik een enorme verantwoordelijkheid om voor haar te zorgen, haar te beschermen. En uiteraard kon ik haar, ondanks al mijn inspanningen, niet bewaren voor de onvermijdelijke stortvloed van herinneringen, of voor de verschrikkingen die het genezingsproces met zich meebrengt.

Toen mijn tienerjaren begonnen, begon zij aan haar eigen periode van bewustwording en zelfontdekking. Hoewel die jaren voor haar alleen maar vaag in haar herinnering voortleven, staat ieder moment me zo helder voor de geest als het moment dat ik nu beleef. Soms werd de pijn voor haar zo groot dat ze psychisch 'wegging' en zoveel mogelijk troost putte uit het gewoon niet bewust zijn van de omstandigheden. Vaak heb ik haar gevraagd of het misschien niet beter was om níét door het trauma van het herstel te gaan. En vaak kon ze me daarop geen antwoord geven.

Nu ik terugkijk, begint het zo langzamerhand tot me door te dringen dat het einde van mijn jeugd het begin van haar reis markeert. Ze had zichzelf altijd toegestaan om zich volledig op te laten slokken door mijn hulpeloosheid, en terwijl ze voor me zorgde, vergat ze zichzelf. Toen het niet meer nodig was voor haar om ieder moment van de dag aan mij te wijden, begonnen haar eigen gedachten en littekens zich voortdurend op te dringen en kleurden ieder moment van haar leven, inclusief, heel vaak, haar interacties met mij.

Het was geen snel proces, maar binnen het bestek van een leven besloeg het bovenkomen van de herinneringen aan haar eigen jeugd slechts een korte periode tot aan het moment waarop aan die van mij een eind kwam.

Gedurende het hele proces tastte ik nimmer in het duister over wat er op een bepaald moment gebeurde. Ze vertelde me gedachte na gedachte wat zich in haar hoofd afspeelde, en hoewel ik er weinig van begreep, waren het deze kijkjes in haar hart die mij behoedden voor het voelen van volstrekte verwarring. Soms praatte ze 's nachts tegen me. Ik zat dan op haar bed en in een eigenaardige mengeling van Koreaans en Engels gaf ze mij, en haarzelf, aanwijzingen over de dingen waar ze doorheen was gegaan. Van jongs af aan wist ik ook al dat ze in het weeshuis had gezeten en dat de bergen een belangrijke rol hadden gespeeld.

Het is niet moeilijk om in te zien waarom ze zich uit die periode vooral de dromen herinnert. Ze waren zo levendig en zo voortdurend aanwezig dat ze bijna bij haar wakende leven kunnen worden ondergebracht. En toen ik vijftien was, begon ze te slaapwandelen. In eerste instantie was het niets om je zorgen over te maken; ik vond haar midden in de nacht in de woonkamer of in de keuken, en als ik haar dan vragen stelde, leek ze verward en ging niet lang daarna weer naar bed. Maar weldra werden de wandelingen langer, kwamen frequenter voor en werden gevaarlijker. Terwijl ze zich steeds meer uit haar verleden herinnerde, nam haar onderbewuste haar verder en verder mee weg van de plek waar ik haar kon beschermen. Ze liep de tuin in of de straat op, zich nooit bewust van wat ze deed. Ik vond haar dan, in de war en huilend, buiten. En dan praatte ik met haar, sloeg dekens om haar schouders, en dan ging ze weer mee naar binnen, niet wetende waar ze naar op zoek was geweest in het donker, maar wel wetende dat ze het niet had gevonden.

Ik heb jarenlang gewerkt als journaliste voor een krant in het zuiden van Californië, vooral als politie- en rechtbankverslaggeefster. Ik vond mijn werkterrein heerlijk, en een groot deel van de aantrekkingskracht lag in het gevaar dat ermee gepaard ging. Ik bracht mezelf welbewust in situaties die levensbedreigend waren, zonder me bewust te zijn van mijn motieven.

Mijn politiescanner stond altijd aan, ook al lag ik in bed. Het geluid van de codes, de stemmen van de coördinators en de atmosferische storingen op de radio stelden me op mijn gemak. Zo-

dra er iets met voldoende nieuwswaarde op de scanner kwam, was ik onmiddellijk wakker: ik deed verslag van moorden, bendeoorlogen, gijzelingen en branden, en probeerde zo dicht mogelijk bij de plaats van handeling te komen.
Op een nacht ging ik de deur uit om verslag te doen van een gevecht tussen bendes en kwam midden in het strijdgewoel terecht, aantekenboekje in de hand. Ik denk dat mijn naïviteit me soms heeft gered: mensen waren vaak zo verbijsterd over mijn gebrek aan voorzichtigheid dat ze hun hoofden schudden en voor me zorgden. Die nacht kon ik een van de bendeleiders interviewen die me daarna vertelde dat hij vijf minuten zou wachten zodat ik mezelf in veiligheid kon brengen.
Een andere keer maakte ik een verslag van een gijzeling en schuifelde voetje voor voetje de vuurlinie in voordat ik met een ruk achter een boze maar beschermende agent werd getrokken. Maar de politiemannen vonden mijn brutaliteit prachtig, ook al gingen ze tegen me tekeer. Ik deed ook verslag van onderwereldactiviteiten en kreeg regelmatig een kogelvrijvest aangereikt wanneer ik met de nachtploeg op ronde ging.
De hele tijd wilde ik een succes maken van wat ik geloofde dat mijn rol was: verdedigster van het recht van het publiek om goed geïnformeerd te blijven en hoedster van de waarheid. Ik koos een beroep dat aan mijn diepste behoeften beantwoordde: de behoefte om gehoord te worden, de behoefte om de waarheid te zeggen en geloofd te worden, de behoefte om te werken aan gerechtigheid. Ik heb een weg afgelegd van het leren van een nieuwe taal tot het van die taal mijn werk maken. Ik ben gegaan van voelen dat ik geen stem had tot schrijven van woorden die iedere dag door duizenden mensen worden gelezen.
Als journaliste was ik gefixeerd op mensen die in nood waren, vooral als het kinderen, alleenstaande moeders of mishandelde vrouwen betrof.
Ik was lichtjaren ver verwijderd van de vrouw die ik tijdens mijn huwelijk was geweest, maar ik herinnerde me nog levendig hoe die zich had gevoeld en gedragen en had gedacht. Als ik iemand

kritiek hoorde leveren op een slachtoffer van huiselijk geweld – 'Waarom gaat ze niet gewoon weg?' – werd ik witheet. Iemand die niet in die situatie heeft verkeerd, kan die nooit volledig begrijpen.

Op een van mijn rondes met de politie ontmoette ik een vrouw die bijna dertig jaar getrouwd was met een man die haar mishandelde. Een buurvrouw belde de politie vanwege het geschreeuw dat ze hoorde, maar toen we daar aankwamen zei de vrouw dat alles in orde was en dat ze geen aangifte wilde doen. Haar man was niet meer thuis. De agent was ongeduldig en bars; de vrouw geneerde en verontschuldigde zich. Ik stond op een afstandje naar haar te kijken en dacht hoe makkelijk ik in haar schoenen had kunnen staan.

Voordat we vertrokken, liep ik naar haar toe en stak mijn hand uit, me machteloos en overmand door verdriet voelend. Mijn ogen waren vol tranen geschoten en ik kon niets anders bedenken om te zeggen dan: 'Ik heb met u te doen. Ik heb met u te doen.' Ik gaf haar mijn visitekaartje en zei: 'Ik wil in 't geheel geen artikel of zo over u schrijven. Ik heb in de situatie gezeten waarin u nu zit en ik wil u alleen maar helpen voor zover ik dat kan. Ook al wilt u alleen maar een keer praten of als u een lift nodig hebt ergens naartoe of wat dan ook, belt u me dan alstublieft.'

Ongeveer een week later belde ze me en begonnen we een telefooncontact dat een paar maanden heeft geduurd.

Ze wilde me nooit ergens persoonlijk ontmoeten; ze zei dat haar man haar niet toestond zonder zijn toestemming het huis te verlaten en ze moest bellen als hij naar zijn werk was. Dat begreep ik volkomen. Ze vertelde me dat ze nooit een baantje had gehad en geen vak had geleerd. Ze dacht niet dat ze zichzelf kon onderhouden en ze wist niet eens hoe ze een bankrekening moest openen of zorgen dat je water, licht en gas kreeg.

Maar alle praktische zaken daargelaten, geloofde ze diep vanbinnen dat ze niet beter verdiende. 'Je hebt me gezien,' zei ze. 'Ik ben niet jong. Ik ben niet mooi. Ik ben niets. Ik neem het hem niet kwalijk dat hij niet van me houdt. Ik heb tenminste een plek om te wonen en voedsel om te eten. Ik zou een dakloze worden, het is te laat voor me.'

Ik luisterde en luisterde en probeerde haar zoveel mogelijk ideeën aan de hand te doen – gaf haar het telefoonnummer van een blijf-van-mijn-lijfhuis, kende mensen die haar konden helpen een nieuw leven te beginnen – en ik vroeg me af welke speling van het lot me behoed had om zoals zij te eindigen. Maar op een dag hield ze gewoon op met me te bellen.

Sommige keuzes die ik maakte, gaven Leigh het gevoel verwaarloosd te worden en deden haar pijn. Ik bracht zo nu en dan mensen mee naar huis die ik was tegengekomen terwijl ik voor mijn werk op pad was: een moeder met kind die dakloos waren, een oudere vrouw die op de redactie was gekomen met een onwaarschijnlijk zielig verhaal, twee kinderen die bij een ernstig autoongeluk hun ouders hadden verloren.

De twee wezen waren zusjes, de ene twee en de andere vier jaar oud. Het waren Roemeense immigranten die pas onlangs naar Amerika waren gekomen. De twee meisjes zaten vastgebonden in hun veiligheidsstoeltjes achter in de auto en kwamen er zonder verwondingen van af. Maar ze waren gedwongen geweest de lichamen van hun ouders verkreukeld op de voorbank te zien nadat een vrachtwagen op hun kleine auto was ingereden.

Ik raakte geheel geobsedeerd door die meisjes. Ik ging iedere dag na het ongeluk bij ze op bezoek in het pleeggezin. Ik bracht ze speelgoed. Ik vroeg zelfs of de mogelijkheid bestond om ze te adopteren.

Als mensen geld nodig hadden, gaf ik ze wat ik maar had, en het gevolg daarvan was dat ik niet genoeg geld had om mijn eigen rekeningen te betalen of te kopen wat Leigh en ik nodig hadden. Andere mensen helpen die ernstig in de knel zaten, maakte het mij mogelijk om te vergeten hoe arm we waren en ook om al mijn zorg en medeleven te richten op iemand anders dan mezelf.

Omdat ik politieverslaggeefster was, zag ik bijna dagelijks verschrikkelijke dingen. Maar ik was nu toeschouwer, geen slacht-

offer. Ik kon kijken en schrijven en er boven blijven staan.
Vanwege de aard van mijn werkterrein kwam ik vrij regelmatig oog in oog met de dood te staan, en ik probeerde er zo dicht mogelijk bij te komen. Ik deed ooit verslag van een ontvoering en het lukte me om een paar seconden nadat een scherpschutter de verdachte had neergeschoten, het jongetje weg te grissen dat gegijzeld was geworden. Ik wilde het kind vasthouden, het niet laten gaan. Ik wilde dat iemand hem hielp herstellen, hem enigszins het gevoel zou geven dat hij veilig en geliefd was, maar ik was machteloos en kon niets anders doen dan erover schrijven.
Ik heb ooit een prostituee in mijn armen vastgehouden terwijl ze op sterven lag nadat ze door een woedende klant was neergeschoten. Ik wiegde haar en keek haar in de ogen met de gedachte dat ik haar misschien iets belangrijks duidelijk kon maken: dat ze van onmetelijke waarde was, dat ze dit leven niet alleen hoefde te verlaten. Ik had het gevoel over magische krachten te beschikken waarmee ik mensen in hun laatste momenten op aarde op de een of andere manier ergens voor kon behoeden – ook al wist ik niet voor wat – als ik ze alleen maar teder genoeg vasthield of diep genoeg in hun ogen keek.
Een andere keer moest ik verslag doen van een in de vernieling gereden auto en ik knielde bij de stervende vrouw neer die vastgeklemd zat op de bestuurdersplaats. Ik sloeg mijn trui om haar schouders en praatte tegen haar terwijl ze de laatste paar keer ademhaalde. Ze was een volstrekte vreemde voor me, maar in die seconden had ik het gevoel alsof ik haar kende. 'Je bent zo waardevol,' zei ik tegen haar. 'Je bent niet alleen. Ik houd van je. Ik geef om je. Het is zo'n eer om hier bij je te mogen zijn.'
Ik weet niet of wat ik ook deed effect had op de mensen die op sterven lagen, maar ik moest proberen – telkens weer – om iemands grote, laatste reis gemakkelijker te maken. Ik moest afscheid nemen op een manier zoals ik dat nooit heb gekund met mijn moeder. Mijn hart brak bij de gedachte dat iemand dit leven zou verlaten terwijl hij of zij zich alleen en ongeliefd voelde.

Zeventien

In mijn werk stelde ik me aan gevaren bloot hoewel ik voortdurend bang was.

Mijn levenslange claustrofobie had zulke proporties aangenomen dat jarenlang alles waardoor ik mijn vrijheid dreigde te verliezen het angstaanjagendste was dat ik me kon voorstellen.

Heel lang lag er in mijn auto een vleesmes, verborgen onder de bekerhouder tussen de twee kuipstoelen voorin. Ik had het bij me als een soort troetellap: niet om het ooit tegen iemand anders te gebruiken, maar voor mezelf, mocht ik ooit per vergissing gearresteerd worden. Ik geloofde dat als ik ooit in de boeien geslagen zou worden, achter in een surveillancewagen gestopt en opgesloten zou worden in een cel, de paniek zo ontzettend groot zou worden dat ik mijn beheersing volledig zou verliezen. Ik stapelgek zou worden. Ik zag het allemaal zo helder voor me. Ik zou gaan schreeuwen en hyperventileren en gaan slaan en binnen de kortste keren duizend angsten uitstaan. Ik zou nog liever doodgaan dan dat nog een keer te moeten meemaken.

Het was ondenkbaar om nog eens opgesloten te zitten. Dus had ik het mes bij me – hoe onwaarschijnlijk het ook was dat ik ooit gearresteerd zou worden – omdat ik wist dat als het nodig was, ik zelf het juiste moment kon kiezen en onmiddellijk twee lange, verticale sneden in mijn onderarm kon maken en één over mijn halsader. Ik zou sterven voordat ze de kans kregen om me de handboeien om te doen, voordat ze de kans kregen om me weer in een kooi op te sluiten waar ik niet uit kon komen. Ik beschouwde het als een enorme overwinning – en een angstwekkende stap in het onbekende – toen ik eindelijk in staat was om het mes weg te gooien en zonder dat ding in mijn auto rond te rijden.

De angst dat mijn bewegingsvrijheid me ontnomen zou worden, dat ik in een kooi opgesloten zou worden, is altijd zo intens en zo reëel geweest dat het de meeste andere dingen in mijn leven in de schaduw stelde. Het manifesteerde zich als een claustrofobie die het me onmogelijk maakte om in een vliegtuig te stappen, omdat die zware deuren dichtgaan en er geen uitweg is. Ik kon niet achter in een tweedeursauto zitten. Als ik de portierkruk onmiddellijk kon grijpen, wist ik dat ik naar buiten kon springen of rollen, en dan voelde ik me iets veiliger.

Ik kon geen lift in, want als die deuren dichtgingen, zat ik weer opgesloten in een kooi. Een heel groot deel van mijn leven was afgestemd op het zorgen dat ik niet in situaties verzeild raakte die die angst zouden oproepen. En ik verachtte mezelf ook voor die slappe houding. Ik verachtte mezelf omdat ik niet in een vliegtuig durfde. Ik verachtte mezelf omdat, als ik een lift in moest, me het zweet uitbrak en ik oncontroleerbaar begon te trillen.

Op een keer ging ik op sollicitatiegesprek in een bewaakt, hoog gebouw waarin een krant was gevestigd. Toen ik de hal in liep, zag ik alleen maar een receptiebalie en een lift. Ik stapte in de lift omdat ik geen andere keus had; van trappen kon geen gebruik worden gemaakt. Maar ik wist niet dat je een speciale sleutel van de bewaker nodig had om de lift in beweging te zetten en op de redactie te komen. Dus gingen de deuren dicht en bleef de lift staan.

Ik raakte in paniek. Ik was keurig opgedoft; ik had een mantelpakje aan en was netjes gekapt en elegant opgemaakt. Maar ik begon onmiddellijk te huilen waardoor mijn mascara over mijn wangen liep. Het zweet brak me uit en ik begon te trillen. Mijn

hart bonkte pijnlijk hard. Ik ramde op de liftdeuren en schreeuwde. De bewaker opende de deur en keek me aan. Laconiek gaf hij me de sleutel en zei: 'Dit hebt u nodig om op de redactie te komen.'
Ik leek een eeuwigheid in de lift te hebben vastgezeten, maar toen de bewaker de deur opende en ik op de klok boven de receptiebalie keek, had ik er maar zo'n drie minuten in gezeten.

Toen ik een jaar of twee-, drieëntwintig was, ging ik met een vriendin naar een boekwinkel in het centrum van de stad. Op de poëzieafdeling begon ik in de boeken te bladeren, zoals altijd, en pakte er een van Edna St. Vincent Millay. Ik liet het openvallen en toen las ik: 'Wat betekent het leven voor mij? En wat beteken ik voor het leven?' Ik barstte midden in Barnes & Noble in tranen uit. Daar was het, het gedicht dat ik had gelezen toen ik tien jaar oud was, op die wonderbaarlijke middag. Daar waren de woorden die al zo lang diep in mijn hart gegrift stonden, het gedicht dat ik zo graag weer wilde vinden en waar ik herhaaldelijk in de loop der jaren naar gezocht had. Dat was eindelijk de dichteres die exact zei wat mijn gevoelens over dood en verlies en reminiscentie waren.
Ik was blijven schrijven – in mijn dagelijks werk, in mijn dagboek, in gedichten – en het geschreven woord was van het grootste belang voor me. Lezen over de pijn en overwinningen van anderen hielp me om niet in zelfmedelijden weg te zakken. Iedere dag mensen interviewen die geconfronteerd werden met hun eigen hopeloosheid en vertwijfeling zorgde ervoor dat ik mijn mededogen behield. En het lezen van gedichten zoals die van Millay gaf me hoop.
In de loop der jaren ontwikkelde mijn literaire smaak zich, maar ik betrapte mezelf er nog vaak op dat ik sprak in de zinnen van de schrijvers van wie ik hield, zoals in het eerste jaar van de middelbare school tegen Joe die mijn hart brak. Ik vond nog steeds dat de mannen die ik ontmoette, op welk niveau en in welke periode ook, niet in staat waren om te begrijpen wat ik zei, waar-

om het geschreven woord zoveel voor me betekende en waarom ik zo teleurgesteld was dat het hen niets deed.
Ik bracht het gesprek vaak op de literatuur en citeerde dan bijvoorbeeld een sonnet van Shakespeare, zoals *'When, in disgrace with Fortune and men's eyes'* (Wanneer ik uit de gratie bij vrouwe Fortuna en in mannenogen), of een gedicht van Edna St. Vincent Millay. En meestal, alhoewel ik het me niet bewust was, misschien hooguit vagelijk, was het een test.
Ik besloot iemand met die regels aan te spreken en dan te kijken wat er gebeurde. En werd altijd teleurgesteld. Meestal keek de man in kwestie me wezenloos aan en veranderde van onderwerp, of zei: 'O, wat is dat?', en dan vertelde ik het en dan zei hij: 'Hmm. En je hebt het uit je hoofd geleerd. Waarom?' Het correspondeerde nooit met wat ik me had voorgesteld. Wat ik wilde, was iemand die hetzelfde gevoel als ik bij die regels kreeg.
Dat is maar één keer gebeurd. Ik citeerde een stukje uit een gedicht van Michelangelo voor een man met wie ik een afspraakje had, en hij fleurde helemaal op en zei: 'Dat klopt, ik was helemaal vergeten dat Michelangelo niet alleen beeldend kunstenaar was maar ook dichter.' Mijn hart maakte een sprongetje en ik zei: 'Ja, het was een bewonderenswaardige man. Ik heb een boek met zijn gedichten. Wil je het zien?' Ik gaf hem het boek, hij bladerde het door en zei: 'O, en de Italiaanse versies staan erin. Ik spreek vloeiend Italiaans.' Dat maakte diepe indruk op me, hoewel ik me altijd de mindere heb gevoeld in het gezelschap van mensen die andere talen spraken of veel hadden gereisd. Maar goed, ik dacht: misschien is dit een schot in de roos. Misschien heeft deze man de diepzinnigheid en romantiek en schoonheid van geest waarnaar ik op zoek was.
Hij las me de Italiaanse tekst voor en vertaalde hem, en ik was verrukt. Dat was op ons tweede afspraakje.
Tussen onze tweede en derde afspraak had ik van alles bij elkaar gefantaseerd over deze man: ik had eindelijk een verwante ziel ontmoet. Hij was diepzinnig en romantisch en hartstochtelijk en sensueel en trouw en een vurige minnaar, en toch gevoelig en

briljant en grappig: al die dingen waarvan ik vreesde dat ze niet in één man verenigd konden zijn. Op ons derde afspraakje gingen we uit eten en flirtte hij buitensporig met de kelnerin en maakte opmerkingen over haar benen en dat ze zo'n stuk was. Hij vertelde me zelfs dat hij zijn secretaresse alleen maar had aangenomen omdat ze zo'n mooie meid was. Mijn droomkaartenhuisje stortte in en ik ging niet meer met hem uit.

Ik weet dat iedere deskundige therapeut kan uitleggen waarom ik, die zoveel geruststelling nodig had, relaties met mannen aanknoopte die er zo'n hekel aan hadden om gerust te stellen. Alle zelfhulpboeken en alle goeie raad over leren om van mezelf te houden, het vinden van de geruststelling in jezelf, schijnen niet door te dringen tot de kern van mijn verlangen: zeker weten dat iemand in mijn leven bij me zal blijven. Dat als ik mezelf toesta om van een ander menselijk wezen te houden en mezelf toesta die te vertrouwen, ik niet in de steek zal worden gelaten. Dat ik gerust kan zijn. En dat als ik contact zoek, degene van wie ik houd er nog steeds zal zijn en ook contact met mij wil.
Zo nu en dan had ik een relatie met deze of gene en iedere keer bleef ik tegen beter weten in hopen dat hij degene zou zijn die kon voorzien in waar ik naar op zoek was. Iedere keer liep het mis.
Bij iedere ervaring tastte ik in het duister, op zoek naar zwakke afspiegelingen van de liefde. Maar het werkelijk ervaren, de totale liefde en de essentie ervan, ontgingen me. Ik smachtte naar iets dat ik zelfs niet onder woorden kon brengen. Iedere man vond ik iets onechts hebben, en ik verlangde naar de vleesgeworden liefde: iemand die teder en hartstochtelijk was, puur en vuil, er tot barstens toe mee gevuld was en ervan overliep. Ongebreidelde intimiteit.
Ik had hetzelfde soort gevoel dat romances gedoemd waren te mislukken zoals ik denk dat Omma dat had. Ze werd alsof er geen ontkomen aan was verliefd en de afloop was tragisch. Ik heb die herinnering in me opgezogen en daar werd jarenlang lezen van

Shakespeare, Brontë en droevige Engelse dichters aan toegevoegd.
Een paar jaar na mijn scheiding ontmoette ik een man op mijn werk die verliefd op me werd. Ik zie dat nu in, maar in die tijd dacht ik dat hij psychisch niet helemaal in orde was en mij daarom wilde. Onze bureaus stonden tegenover elkaar op de redactie en zo nu en dan keek ik op en zag hem dan naar me kijken. Op een avond kwam hij bij me thuis langs en we gingen in de achtertuin zitten om naar de sterren te kijken en te praten. Het was zomer en ik droeg een jurkje met een lage, rechthoekig uitgesneden hals. De maan glinsterde op mijn huid en Mike boog zich naar voren en liet zijn vingers over mijn blote sleutelbeen glijden. 'Je botten zijn zo mooi,' zei hij. De woorden hadden het effect van een elektrische schok: ik had mezelf altijd zo door en door lelijk gevonden, tot op het bot, en dat hij zelfs schoonheid in mijn botten zag was verbluffend.
Een seconde lang geloofde ik het zelfs.
We gingen ongeveer zes maanden met elkaar om, tot op de dag dat hij me ten huwelijk vroeg. Mike was een serieuze man en hij maakte me met verve en onverdroten het hof. Hij schreef liedjes en gedichten over me: pompeuze, romantische gevallen.
Hij nam bloemen voor me mee en benaderde me met tederheid. Hij was ook hartstochtelijk en lijfelijk. Ik brak zijn hart. Ik was er afkerig van dat hij van me hield.
Na Mike ging ik uit met mannen die me wat nonchalanter behandelden. Iedereen die te serieus begon te worden was onmiddellijk verdacht: ik geloofde dat als hij het oprecht met me meende, hij kennelijk flink getikt was; zo niet, dan speelde hij toch wel een of ander sadistisch spelletje.
Ik had veel relaties met getrouwde mannen. Niet dat ik daarop uit was, maar het leek toevallig zo te gebeuren. Getrouwde mannen eisten meestal niet te veel van me, en ik hoefde er niet over in te zitten of ze echt van me hielden of niet. Ik was met hen niet bang voor afwijzing, omdat ik de regels van het spel kende. Die relaties gaven me een veilig en niet-bedreigd gevoel en er kwam

gewoon op een vreedzame manier een eind aan zonder te veel pijn van beide kanten.
Maar soms werd het weleens ingewikkeld. Een paar keer speelde ik de rol van de begrijpende minnares zo goed dat de mannen met wie ik ging, besloten hun vrouw te verlaten. De eerste keer dat dat gebeurde, stond mijn minnaar gewoon op een avond bij me op de stoep, koffer in de hand, en verkondigde dat hij zijn vrouw over ons had verteld. Ik stond versteld. Ze begon me thuis en op mijn werk op te bellen, en tussen mijn woede op hem omdat hij haar pijn deed en mijn schuldgevoel dat ik daar een rol in had, brokkelde wat er nog tussen ons over was snel af.
Ik bleef mannen kiezen die uiteindelijk zouden vertrekken, net als mijn vader Omma in de steek had gelaten. Ik geloofde niet dat echte liefde mogelijk was voor mensen als ik, en iedere keer als er een eind aan een relatie kwam, kreeg ik weer een kans om mezelf op m'n donder te geven. 'Zie je nou wel? Niemand zal ooit bij je blijven. Dacht je nou echt dat het deze keer anders zou zijn? Je bent deerniswekkend en walgelijk.'

In mijn contacten met mannen doemde mijn Aziatisch-Amerikaanse gelaatstrekken altijd voor me op als weer een obstakel op weg naar de liefde. Een paar jaar geleden vroeg een buurvrouw, met wie ik een paar keer een praatje had gemaakt, of ik zin had in een ontmoeting met haar broer. 'O, hij is dol op je,' zei ze. 'Hij is gek op "mixen".'
'Mixen?' vroeg ik. 'Bedoel je cakemix? Mixen van drankjes?'
'Je weet wat ik bedoel,' zei ze terwijl ze me op de arm klopte. 'Mixen. Mensen zoals jij.'
Hoewel ik inwendig kookte, glimlachte ik omdat ik wist dat ze het op haar eigen, doorsnee-Amerikaanse, kleingeestige manier goed bedoelde.
Maar met haar broer ben ik nooit uit geweest.
Mannen waren een soort pleister op de wonde voor me. Hun attenties verdoofden, tijdelijk, de pijn die in me leefde. Maar onder de verdoofde oppervlakte groeide de wond die zich invrat. Ik

moest ermee ophouden die te verdoven en die aan de helende lucht blootstellen.

De hele tijd vermeed ik echte vriendschappen om de pijn te vermijden en had ik het gevoel dat het leven een lege, vicieuze cirkel was. Ik ging plezier uit de weg en zei dan dat dat niet bestond in het leven.

Ik probeerde mezelf zodanig beschaamd te maken dat ik daardoor het heftige verlangen niet meer zou durven voelen. Ik probeerde mezelf op mijn kop te geven. Ik beschimpte mezelf en maakte mezelf belachelijk. Maar het heftige verlangen verdween niet. Een regel uit een song van Nine Inch Nails zat voortdurend in mijn hoofd: 'Ik wil gewoon iets dat ik nooit kan krijgen.' Dat, dacht ik, was zo waar als een en een twee is.

Romantische liefde was zo'n mysterie voor me. Ik dacht er vaak aan: hoe voelt dat? Hoe ziet het eruit, smaakt het, ruikt het? Wat voor gedachten gaan er door je heen als je weet dat iemand verliefd op je is en jij hebt dezelfde soort heftige gevoelens? Ik kon het me niet voorstellen. Ik wist alleen dat ik er behoefte aan had. En toch was ik er ook bang voor: het kon weleens te fantastisch en te angstaanjagend zijn. Omdat we alles wat we in het leven krijgen, uiteindelijk verliezen. Alles wat we hebben verdwijnt op een dag. Als de liefde kwam, zou de wetenschap dat die op een dag weer zou verdwijnen, verwoestend zijn. Iedereen gaat dood. Het leven verandert ons. Ervaringen en omstandigheden veranderen ons. En de liefde verandert van verrukking in walging: ik had het telkens weer zien gebeuren.

Ik wist niet of wat dan ook dat soort pijn en angst wel waard was. Als iemand zei: 'Ik hou van je,' en ik voelde hetzelfde en ik wist dat ik hem kon vertrouwen, zou ik dat dan niet zo graag willen vasthouden dat ik ieder moment in doodsangst zou leven? Ik wist het gewoonweg niet, maar uiteraard wist ik ook dat ik nooit de kans had gehad om erachter te komen.

Achttien

Ik heb nooit goed kunnen slapen 's nachts. Als ik drie of vier uur achter elkaar sliep, vond ik dat ik geluk had gehad. Overdag was ik altijd verschrikkelijk moe, maar 's nachts was het onmogelijk om te ontspannen. Ik was hyperoplettend; van ieder geluidje werd ik wakker.

Ik wist dat er 's nachts verschrikkelijke dingen zouden kunnen gebeuren, en als mijn oplettendheid verslapte, zou iets me pijn doen. Het probleem was dat er ondanks al mijn oplettendheid toch afschuwelijke dingen gebeurden.

Hoewel ik in de mand oplettend bleef terwijl het steeds donkerder werd, werd Omma vermoord. Hoewel ik in het weeshuis de hele nacht op de baby lette, was hij de volgende morgen dood. Hoewel ik tijdens mijn huwelijk 's nachts wakker probeerde te blijven, werd ik plotseling wakker terwijl mijn man een kussen tegen mijn gezicht drukte. Hoe oplettend ik mijn hele leven ook heb geprobeerd te blijven, het is nooit genoeg geweest.

Tijdens die nachtwakes, wachtend op de slaap die niet wilde komen en bang voor de onvermijdelijke nachtmerries, bestond mijn enige troost uit poëzie, vooral de 'Song of the Nations' van Edna St. Vincent Millay:

Uit
Nacht en paniek
Uit
Duisternis en doodsangst,
Uit oude haat,
Wrok en wantrouwen,
Zonde en berouw,
Passie en roekeloosheid;
Zal komen
De dageraad en de vogels,
Zal
De hebzucht afnemen,
De angst het begeven...
Liefde zal warm als een mantel
De sidderende aarde omhullen
Tot het geluid van zijn smart wegsterft.
Na
Afgrijselijke dromen,
Na
Huilen in de slaap,
Onmetelijke droefheid,
Verkrampende handen,
Tranen door gesloten oogleden
Die het kussen nat maken;
Zal komen
Zon op de muur,
Zal komen
Geluiden van de straat
Van spelende kinderen...
Bellen te groot opgeblazen, en dromen
Zo zwaar door vele verschrikkingen,
Zullen uiteenspatten en in nevelen neerdalen.
Zing dan,
Jij die zweeg,
Schreeuw dan,

In de duisternis;
Zijn wij niet één?
Gloeien onze harten niet
Door één vuur,
Zijn ze niet uit hetzelfde hout gesneden?
Uit
Nacht en paniek,
Uit
Verschrikkelijke dromen,
Reik me je hand,
Dat is de zin van alles waarvoor
We in de slaap hebben geleden... de onschuldige kalmte
Van het wakker worden.

Voor mij ging het erom te leren dat oplettendheid, in en op zichzelf, ons niet behoed voor tragedies. Ik heb geleerd dat het niet verkeerd van me was om mijn waakzaamheid te laten varen; alles wat er is gebeurd, had ik nooit kunnen voorkomen.

Leighs woorden:
Ik wist dat mijn moeder regelmatig aan zelfmoord dacht. Achteraf bezien weet ik niet helemaal zeker of ik daarover niet liever nog een poosje in het ongewisse was gelaten, maar in een contact dat op volstrekte eerlijkheid is gebaseerd, kun je niet kieskeurig zijn over wat je te weten komt en wat een geheim zal blijven. Ik denk dat geheimhouding voor mijn moeder uit den boze was, want het had in haar eigen leven zoveel pijn aangericht, en de sfeer van stilzwijgen die in haar jonge jaren om haar heen hing, ging gepaard met evenveel schaamtegevoelens. Dus bij het grootbrengen van mij lette ze erop dat niets geheimgehouden werd.
Ik geloof dat kinderen veel meer weten dan we beseffen, waarschijnlijk veel meer dan we zo nu en dan zouden willen; en ik was vanaf heel jonge leeftijd zeker al in staat om te zien wat er in haar leven omging. Ik wist ergens wel dat mijn moeder niet wilde leven. Dat is bijna even moeilijk om te zeggen als het was om te voelen.

Ik was een jaar of elf toen ze me op een avond vroeg om bij haar te komen zitten en me vertelde dat er misschien een tijd kwam dat ze het gewoon niet meer kon volhouden. Ik was voldoende op de hoogte van waar ze doorheen ging om niet te hoeven vragen wat dat betekende. Ze vertelde me dat ze, hoewel ze me vreselijk zou missen, misschien een einde aan haar leven moest maken en me op een dag achterlaten. Ze zei dat wanneer (omdat er echt geen 'als' was) dat gebeurde, ik het zou redden en dat het absoluut niet mijn schuld was.

Maar toen sloten we een pact dat ze zou doorzetten totdat ik volwassen was, zodat ik nooit alleen zou zijn zonder een moeder om voor me te zorgen. Dat impliceerde dat als ik ouder was en beter in staat om ermee om te gaan, ze zich vrijer zou voelen om te doen wat ze echt wilde.

Het is volstrekt onmogelijk om onder woorden te brengen wat ik op dat moment voelde, een mengeling van paniek, verwarring en boosheid dat ik de enige schakel zou moeten zijn tussen mijn moeder en het leven. Het enige dat ik kon doen, was zeggen dat ik het begreep en niet boos zou worden. Ik voelde me als verlamd maar hield de moed erin, wetende dat ik me, ook al zou ze er de volgende dag niet meer zijn, aan iedere seconde zou moeten vastklampen alsof het de laatste was.

Hoewel ze geenszins van plan was zelfmoord te plegen toen ik nog heel jong was, snapte ik niet hoe volwassenheid mijn gevoelens kon veranderen, en ik vroeg me altijd af of er misschien beloftes en pacten bestonden die opengebroken konden worden. Ik denk dat ik de daaropvolgende acht jaar of zo doorbracht met wachten op het moment dat ze het niet meer aankon.

Toen ik volwassen was, sloten we een nieuw pact: dat ze zich nooit van het leven zou beroven. Pas toen drong tot me door dat ik al die jaren mijn adem had ingehouden.

Toen ik halverwege de dertig was begon ik te mediteren. Ik wist niets van mediteren af en ik had de neiging om de spot te drijven met wat ik New Age-flauwekul vond. Maar ik was zo onge-

veer aan het einde van mijn Latijn. Om de een of andere reden was ik niet langer in staat de ellende van een heel leven te negeren en het overspoelde me telkens weer.
Ik dacht nog steeds de hele tijd aan zelfmoord. Ik kon 's nachts niet slapen en als ik wel kon slapen, ging ik slaapwandelen. Mijn beste vriendin haalde me over om met haar naar een seminar te gaan. Ik had nog nooit van de sprekers gehoord, maar ik vertrouwde mijn vriendin, dus ging ik. Maar ik had weinig geduld met andere mensen in het publiek. Ik fluisterde mijn vriendin mijn sarcastische opmerkingen toe: 'Moet je die vent zien. Dat 'ie nog steeds van die knoopgeverfde dingen draagt. Ik wil wedden dat hij ook nog van die stomme teddybeertjes op zijn vw-busje heeft zitten.' Ik begreep niet waarom iedereen op zo'n trage, zoetvloeiende manier moest praten, en ik scheen de enige te zijn in het gebouw die mascara en lippenstift op had.
Maar toen het seminar eenmaal was begonnen, kwam de kritiek in mij tot bedaren. Toen ik thuiskwam, besloot ik om eens een poging aan meditatie te wagen, maar wel op mijn eigen voorwaarden: ik zou geen Birckenstocks aantrekken, ik zou me niet als een verdoofde zombie gaan gedragen en ik was niet van plan om het al te serieus te nemen.
Ik ontdekte een paar wonderbaarlijke dingen. Ik had altijd te kampen gehad met hevige paniek als ik probeerde welk gevoel dan ook dat me plaagde weg te drukken. Ik ontdekte dat als ik alleen maar de gevoelens erkende, de paniek afnam. Verdriet en pijn en eenzaamheid bleven over. De tranen van een heel leven. Tienduizend tranen.
Ik probeerde die gevoelens weg te moffelen door tijdelijke balsems in de wonden te gieten, zoals relaties met mannen. Maar het drong tot me door dat die tijdelijke balsems uiteindelijk mezelf aantastten en hun eigen scherpe pijn teweegbrachten. De permanente balsem scheen het gewoon laten komen van de pijn naar de oppervlakte te zijn waar die zich op zijn eigen manier en op zijn eigen tijd kon uiten en helen: die niet proberen weg te moffelen en te verhullen en toe te dekken met iets anders.

Ik leerde ook op mijn eentje te leven. Leigh was tweedejaarsstudente en woonde niet meer thuis. De omschakeling aan een leven zonder mijn dochter, beste vriendin en steun en toeverlaat was angstaanjagend. Allebei moesten we ons eigen leven gaan leiden; sinds haar geboorte waren we emotioneel met elkaar verstrengeld geweest en we gingen nu door het normale aanpassingsproces dat bij het uit elkaar gaan hoort, maar dat eigenlijk verscheidene jaren eerder had moeten plaatsvinden.
Met haar vertrek werd ik gedwongen mezelf onverbloemd onder ogen te zien en een andere reden voor mijn bestaan te vinden. Ik had altijd mijn waarde aan Leigh ontleend: ze was zo geniaal; ze was zo mooi; ze was gevat en gecompliceerd en onstuimig... ik had het gevoel dat mijn leven alleen maar waarde had omdat ik haar leven een kans op deze wereld had gegeven. Toen ze ouder werd, leed ze zwaar onder dat soort bewieroking. Ze voelde een enorme druk om mij niet teleur te stellen. Ze voelde zich verantwoordelijk voor mijn geluk, sterker nog, voor mijn voortbestaan in dit leven.

Op dat moment maakte ik ook een eind aan een relatie die een keerpunt in mijn leven betekende. Voor het eerst dacht ik dat ik het misschien waard was om van te houden.
De man was een getrouwde collega, en wat als lange gesprekken begon, veranderde in een lichamelijke relatie. Hij was ongelukkig en ontevreden, en ik was een manier voor hem om zijn vrouw te verlaten en zijn leven opnieuw onder de loep te nemen.
De relatie mislukte, maar het was een katalysator voor het voelen van veel diepere pijn, en zelfs terwijl ik er nog mee worstelde, drong het tot me door dat er belangrijkere dingen speelden. Ontdaan van alle retoriek kwam het eenvoudig hier op neer: hij koos voor iemand anders; het was weer een afwijzing. Maar ik liet het mezelf voelen en begon bijgevolg al die jaren opeengestapelde afwijzingen te voelen. Ik voelde de invloed en de intensiteit ervan en wist dat ik, voor het eerst, een levenlang vol pijn kon erkennen.

We gingen met elkaar om terwijl hij getrouwd was en terwijl hij zijn scheiding doormaakte, maar toen de scheiding definitief was, zei hij tegen me dat hij behoefte had om met andere vrouwen uit te gaan.
Ik kon, zo nu en dan, om de ironie ervan lachen: het enige dat onze waardeloze relatie zo lang in stand had gehouden, was onze waardeloze relatie. Het enige waarover we met elkaar praatten was onze relatie en de problemen die daarbij kwamen kijken. De een of de ander had altijd pijn; de een of de ander vroeg altijd waarom; de een of de ander had het over wat er mis was met de relatie.
We hadden namelijk nauwelijks iets anders om over te praten. Als onze relatie normaal en bevredigend was geweest, hadden we niets gehad om over te praten. En als we niets hadden gehad om over te praten, zou die relatie niet normaal en bevredigend zijn geweest. We deelden geen interesses; we deelden geen doelen in het leven. We hadden samen niets, behalve pijn.
Zodra zijn behoefte aan mij afnam, trok hij zich terug. Een groot deel van de tijd in onze relatie klampte hij zich als een drenkeling aan mij vast, en toen klom hij ten slotte boven op me om zichzelf uit het water te trekken. En hij keek nooit achterom om te zien of ik kopje-onder ging.
Maar toen ik verdriet had om hem, had ik eigenlijk verdriet om de eerste keer in mijn leven dat ik iets als romantische liefde had gevoeld. Ik had geen verdriet om het verlies van iemand; ik had verdriet om het verlies van een geboorte. Ik had me gevoeld alsof ik eindelijk in de werkelijke wereld was beland.

Tegen die tijd had ik het christendom volledig de rug toegekeerd, hoewel ik dat nooit aan mijn ouders heb verteld: het had geen zin om hen te kwetsen. Ik walgde nog steeds van alles wat riekte naar een gestructureerd, streng geloof, dus las ik met liefde de woorden van de Dalai Lama: 'Mijn geloof is mededogen.' Ik besefte dat dat mededogen tegenover iedereen in mijn leven betekende: in het verleden, heden en de toekomst; en dat dat mede-

dogen tegenover mezelf betekende: ook als ik pijn had, of jaloers of bang was.
Toen ik voor het eerst aarzelend de mantra 'Om mani padme hum' opzei, was ik verbaasd over de uitwerking. Ik voelde een scherp, koel tintelen in mijn hoofdhuid. Ik had heel even het gevoel alsof ik van de grond los kwam: alsof je een vliegdroom hebt terwijl je klaarwakker bent. Toen barstte ik in tranen uit. De reactie was zo intens en lichamelijk en spontaan dat ik niet wist wat ik ervan moest denken. Ik kon het echter gewoon laten voor wat het was, zonder de noodzaak om het grondig te analyseren of te verklaren.
Ik weet niet precies wat Omma zong; ik kan me haar woorden niet meer herinneren. Maar de studie van het boeddhisme gaf me het gevoel dichter bij haar te zijn en dichter bij de kern van mijn eigen bestaan te komen. Het was een van de manieren voor mij om vrede met mijn verleden te bereiken en me te ontdoen van de onechte rollen die andere mensen me in mijn leven hadden opgelegd.
Ik weet, en erken het feit met angst en verwondering, dat ik als ik zing of mediteer, flashbacks heb van momenten die ik op die manier in Omma's aanwezigheid heb doorgebracht. Ik zit dan met gekruiste benen op de grond, doe mijn ogen dicht en begin te zingen, en ineens neem ik waar dat mijn omgeving diepgaand verandert: het tapijt onder me verandert in een aarden vloer, de verkeersgeluiden buiten verdwijnen, de geur van Omma's wierook en de welluidendheid van haar bekoorlijke stem vullen de ruimte.
Ik wilde niet alleen dat mededogen mijn geloof werd maar mijn manier van leven. Ik besefte dat het uitmaken met mijn minnaar het beste was dat me was overkomen. Als we bij elkaar waren gebleven, was mijn zoektocht naar de zin van mijn leven zo goed als onmogelijk geweest. Ik zou dagelijks in de clinch hebben gelegen met die oude demonen van jaloezie, twijfel, onzekerheid, ontevredenheid, verveling. Op deze manier kon ik de pijn rechtstreeks aanpakken, die de hand schudden om er afscheid van te

nemen en die loslaten. Ik hoefde niet samen met haar in één huis te wonen.
Niettemin behield ik een gezonde dosis scepsis. Ik bedacht dat karma, als je er te dogmatisch mee omspringt, en predestinatie verwantschap met elkaar vertonen. Als je iemand kunt afschepen omdat hij of zij niet gepredestineerd is – of uitverkoren door God om verlost te worden – kun je hem of haar ook afschepen omdat hun lijden karmisch is en daarom hun verdiende loon.
Maar ik geloofde dat mijn pijn door die mislukte relatie karma op een elementair niveau was. Ik liet me door mijn directe emoties leiden om een verhouding met een getrouwde man aan te gaan: een daad die zijn vrouw ernstig pijn gedaan had. In het verleden had ik met mijn gedrag andere mensen pijn gedaan, inclusief mezelf. Ik had de wind gezaaid en oogste nu de storm. Maar ik wilde niet doorgaan met mijn levenslange patroon van het verstoppen van gevoelens en negeren van de waarheid.
Ik wist niet wat ik moest doen, behalve me gewoon bewust zijn van ieder moment dat ik me eenzaam of verloren, of een intens verlangen of droefheid, of hoop of bemoediging voelde. Ik probeerde ieder gevoel dat in me opkwam zonder angst of paniek of zonder me eraan vast te klampen te accepteren. Het werd me steeds duidelijker dat dit *la condition humaine* is. Verlies overkomt iedereen en zal iedereen overkomen totdat er een einde aan menselijke relaties komt. Waar ik voor vocht was het voelen van mededogen en tederheid voor mezelf en voor ieder ander die ooit had geleden of ooit zou lijden.
Ik overwoog de mogelijkheid, voor het eerst van mijn leven, dat het leven 'oké' kon zijn. Ik geloofde dat genezing vlakbij was; heelheid was slechts een ademtocht van me verwijderd. Ik begon veel waarde aan mezelf te hechten. En mijn leven ging in die tijd niet bepaald van een leien dakje: mijn baan hing aan een zijden draadje, er was geen man in mijn leven, ik was eenzaam en bang voor de toekomst.
Ik bevond me op het onbekende territorium van het genezingsproces.

Gedurende die tijd hield ik me aan één hoop vast: de weg was misschien zo moeizaam als de hel, maar ik zou er uiteindelijk komen. Het reisdoel was vrede, een einde aan het lijden, vervulling, liefde. Dat was een overwinning: eerder had ik nooit geweten dat zoiets voor mij zou kunnen zijn weggelegd. Ik begon in mijn eigen kracht te geloven, en ik herinnerde mezelf aan wat ik tot dan toe had overleefd. Ik zei tegen mezelf dat de problemen die ik nu tegenkwam daarbij vergeleken een wandelingetje in het park waren.

Mijn oude dagdromen over zelfmoord werden langzamerhand verdrongen door dromen over het worden van een heel, genezen mens. Ik begon in te zien dat alles mogelijk was.

Voor het eerst van mijn leven kreeg ik momenten waarop ik bij mezelf naar binnen keek en ontzag kreeg en verrukt was over de mogelijkheden.

Ik leerde genieten van brokstukjes verwondering. Nadat Leigh uit huis was vertrokken, verhuisde ik naar een kleine zelfstandige eenheid in het souterrain van een huis in de heuvels boven de stad. Het huis lag tegen de prachtige bergen aan en tussen pijnen eucalyptusbomen en bloeiende planten.

Niet lang nadat ik er was ingetrokken, ging ik een wandeling door de heuvels maken, maar na ongeveer een uur ontdekte ik dat ik verdwaald was. Echt gevaar bestond er niet omdat overal verspreid huizen stonden en het een zachte zomeravond was, maar ik voelde de oude vertrouwde paniek opkomen. Ik was moe, had ontzettende dorst en was bang omdat ik de weg terug naar huis niet wist.

Lopend over een voetpad door een stuk dichtbegroeid gebladerte zag ik een wilde pruimenboom verscholen tussen de altijd groene planten en bomen. Ik plukte een van de donkerpaarse pruimen en at hem langzaam op, genietend van ieder hapje en iedere druppel van het ongelofelijk zoete, verse sap. Mijn dorst was onmiddellijk verdwenen, mijn vermoeidheid was in het niets opgelost en ik beleefde een magnifiek moment van helderheid. De pruim was perfect; het moment was perfect.

Ik stond daar, was verbaasd over de ervaring en wilde dat soort

appreciatie zo graag voor altijd diep in m'n hart vasthouden, toen er ineens een hert uit het bos kwam en aan de pruimen begon te snuffelen die op de grond waren gevallen. Het hert keek naar me, maar ging gewoon door met waar het mee bezig was. Ik keek een paar minuten naar hem, draaide me toen om en liep instinctief de juiste richting op naar huis.
Omma had gezegd dat het leven uit tienduizend vreugdes en tienduizend tranen bestond. Ik besefte dat de pruim, het hert en de dag gerekend konden worden tot de tienduizend vreugdes; en dat ieder moment, als je er volop van kunt genieten, zijn plaatsje daar ook bij kan innemen.

In diezelfde tijd begon ik ook naar foto's van mezelf als kind te kijken; foto's die ik jarenlang ver weg had gestopt. Ik had altijd een hekel aan dat kind gehad en haar veracht. Nu deed ik een serieuze poging om haar echt te zien. Ik leerde te houden van dat meisje met dat serieuze gezicht op de foto's, dat meisje dat haar moeder had verloren, dat de enige geborgenheid die ze ooit had gekend was kwijtgeraakt, dat als gevangene in een weeshuis had gewoond en daarna tot in haar volwassen leven systematisch was mishandeld. Ik vroeg haar vergeving voor mijn kilheid in het verleden tegenover haar en voor het feit dat ik haar zoals ieder ander in de steek had gelaten.

Ik begon het boeddhisme serieus te bestuderen en had een sterk gevoel thuis te komen. Een heel krachtige les voor mij was dat er in de hele wereld niemand was die meer liefde verdiende dan ikzelf. Dat was de absolute antithese van alles wat de ervaring me tot dan toe had geleerd. Ik had mijn hele leven doorgebracht in het geloof dat er in de hele wereld niemand was die minder liefde verdiende dan ik. Ik zei tegen mezelf dat ik bij iedere stap die ik zette, zou proberen van mezelf te houden: in de uitglijders die ik op mijn werk maakte; in de droevige, angstige, eenzame momenten; in de geboortepijnen die gepaard gingen met het vinden van mezelf.

Op een avond stak ik wierook aan, zette gerstethee en schreef een brief aan mijn moeder:

> Mijn Omma,
> Ik wil met jou de veranderingen delen die in mijn leven plaatsvinden. Ik heb altijd gedacht dat ik moest lijden zoals jij, omdat ik verbonden met je wilde zijn. Ik wilde me met je identificeren. Maar ik zie nu in dat dat een schending van de nagedachtenis aan jou zou zijn. Ik wil dat jouw wens wordt vervuld. Je wens was dat ik veilig en beschermd zou zijn. Omdat je hier niet meer bent om dat te doen, zal ik het overnemen. Ik zal dat doen ter ere van jou; in liefdevolle nagedachtenis aan de liefdevolste mens ter wereld. Ik zal het oppakken waar jij moest ophouden. En op die manier zullen we altijd met elkaar verbonden zijn. We zullen echt één zijn. We zullen voor hetzelfde doel werken: de bescherming en het geluk van het kind van wie je hield.
> Ik wilde zoals jij zijn. Ik wilde dicht bij je zijn. Ik begrijp nu dat dit de enige manier is om dat te doen. Om zoals jij te zijn moet ik de dochter koesteren aan wie je het leven hebt geschonken en voor wie je stierf om haar te redden. En ik zal het echt doen, mijn lieve Omma. Ik zal mijn best doen om haar geluk, haar vrijheid en haar heel-zijn veilig te stellen. Dat is wat jij wilde, dus is dat wat ik zal doen. Ik houd zoveel van je. Ik mis je zo verschrikkelijk. Ik ben zo eenzaam zonder jou. Maar op deze manier voel ik jouw geest via mij zijn werk doen.

Ik had altijd het gevoel gehad alsof ik binnen in een bel leefde. De buitenwereld was zichtbaar maar duister, en ik werd van alles gescheiden door deze onzichtbare barrière. Ik wilde eruit en een deel van de echte wereld worden, een echt mens worden. Maar er lag een zwarte, olieachtige laag over de bel heen die hem in bedwang hield en mij belette om hem open te breken. Toen mijn zienswijze begon te veranderen, begon de wereld er ook anders uit te zien: helderder, duidelijker, pijnlijk haarscherp. Het was zowel verontrustend als prachtig. Ik had het gevoel alsof ik de geboortepijnen ervoer van nieuwe fysieke en emotionele gevoelens.

Toen ik hulp begon te zoeken, zag het er beslist niet aangenaam uit. Ik werd me voor het eerst bewust van de enorme omvang van mijn woede en verdriet en jaloezie, en het was angstaanjagend. Ik was verschrikkelijk jaloers op zowat iedereen en voelde me schuldig omdat ik me zo jaloers voelde. Ik had mijn gevoelens altijd weggestopt achter een façade van aimabel gedrag, extravertheid en zelfverzekerdheid. Maar als puntje bij paaltje kwam, voelde ik me altijd alleen, miskend en niet gehoord, en een huichelaar.

De eerste stap voor mij was gewoonweg voelen. Het kostte een heleboel tijd en enorm veel moed om uiteindelijk in staat te zijn om me alleen maar te ontspannen in de angst, de pijn, de bodemloze put van wanhoop. Ik had zoveel jaren mijn gevoelens weggedrukt, om gevoelloos te blijven, om erboven te blijven zweven. Maar om alleen maar te beginnen aan het lange, zware en gecompliceerde proces van het genezen, moest ik alles voelen wat ervoor lag.

Ik was bang dat als ik mezelf echt in al die gevoelens liet wegzinken, ze me zouden overspoelen en ik erin zou verdrinken. Maar dat gebeurde niet. Het was verbazingwekkend dat ik, nadat de eerste verschrikkelijke angst over was en ik nog steeds leefde, ontdekte dat ik het niet alleen had overleefd maar dat ik onverwachts troost vond in het me eenvoudigweg in de pijn laten zakken.

Het grootste deel van mijn volwassen leven heb ik, wanneer ik mijn adoptiepapieren doorkeek, dat altijd gedaan met mijn ogen emotioneel afgewend. Ik las ze, dat wel, maar zonder de woorden tot me door te laten dringen. Ten slotte haalde ik ze op een dag uit hun haveloze map, streek de vergeelde vellen glad en stond mezelf toe ze echt en eerlijk te lezen: *Moeder: onbekend. Vader:*

onbekend. Geboortedatum: onbekend. Ik sloeg mijn armen om me heen en snikte totdat ik dacht dat mijn hart het zou begeven. Ik pakte het papier, met zijn kille, klinische beschrijving van dat naamloze, ongewenste kind en kuste het: de regel waarop stond *Wees: meisje*; de regel waarop stond *Moeder: onbekend.*

Soms fluister ik 's nachts als ik wegdommel in slaap: 'Ik hou van je. Ik hou van je.' En ik wist nooit helemaal zeker of ik dat tegen een denkbeeldige minnaar zei, of tegen het universum, of tegen mezelf, of tegen een droom, maar dat deed er niet echt toe. Soms was het genoeg om alleen maar de woorden hardop te zeggen en ze in de lucht te horen hangen.

Ondanks alles had ik nog steeds hoop. Alleen in bed midden in de nacht fluisterde ik dezelfde woorden van William Morris die ik sinds mijn tienertijd fluisterde:

Liefde is genoeg: alhoewel de Wereld tanende is,
En de bossen geen andere stem hebben dan de stem van de weeklacht,
Alhoewel de lucht te donker is om voor doffe ogen te doorvorsen,
De goudgele kelken en madeliefjes schoon bloeiend daaronder,
Alhoewel de heuvels schaduwen herbergen, en de zee een duister wonder,
En deze dag een sluier legt over niet te baat genomen daden,
Toch zullen hun handen niet trillen, zullen hun voeten niet wankelen;
De leegte zal niet vermoeien, door de angst zullen niet veranderen
Deze lippen en deze ogen van de geliefde en de liefhebbende.

Zoals zoveel mensen neig ik over m'n toeren te raken als ik denk dat ik mogelijk weer in de steek gelaten zal worden. Ik doe destructieve dingen: ik klamp me al te zeer vast aan degene die op dat moment belangrijk is in mijn leven; of ik bied ze de ene na de andere mogelijkheid om de dans te ontspringen totdat ze denken dat ik ze van me afduw. Ik ben zo doodsbang om verlaten te worden en mijn diepe geloof dat het zal gebeuren is zo sterk. Als het tot me doordringt hoe dierbaar iemand voor me is, bied ik ze alle uitwegen die ik maar kan bedenken. Ze gaan toch weg, zo redeneer ik, dus kan ik net zo goed nu de pijn voelen in plaats van mijn adem inhouden in afwachting van de klap daarvan in de toekomst.

En de hele tijd verlang ik er hevig naar dat ze bij me blijven, me begrijpen en vergeven, van me houden, hoe bang en wanhopig ik ook ben. Alleen iemand die ervaring heeft met in de steek gelaten zijn, kan wijs worden uit zulk onzinnig gedrag. En ik ben bang voor mezelf. Ik leef op het randje van de waanzin en er zijn perioden waarin ik mezelf voel wegglijden in die duistere afgrond. Ik ben doodsbang voor hoe ik zal worden en welke indruk ik zal maken op de mensen van wie ik houd. Zullen ze voor me terugschrikken op het moment dat ik ze het hardst nodig heb?

Ik haat het woord 'complex'. Iedereen heeft een 'complex'. Ik heb een verlatings-'complex'. Ik heb een vriendin die het op een grappige manier uitspreekt en dat maakt het iets makkelijker voor me om zelf het woord uit te spreken: het haalt er het gewichtigdoenerige van af en brengt het tot de juiste proporties terug. Maar het staat me nog steeds tegen. Dus werk ik telkens weer aan dat verdomde 'complex': in mijn eigen troebele geest, in meditatie, in therapie.

Op zoek naar de kracht om door te gaan, kon ik nooit denken in termen als 'God' of 'een hogere macht' of iets dergelijks. Ik was op een punt gekomen dat ik niets meer geloofde, zelfs niet in me wenden tot welke godheid ook, en ik was venijnig in mijn haat tegenover alles wat maar naar religie riekte.

Dus toen mijn therapeute me vroeg om me een voorstelling te maken van een kracht of wezen dat het hoofd kon bieden aan waarvoor ik bang was, leek dat onmogelijk... totdat ik dacht aan degene die ik werd in mijn vliegdromen. Ik was sterk, machtig, onbevreesd, schoot naar eigen goeddunken over de aarde. Dat beeld van mezelf kwam voor mij het dichtst bij een voorstelling van 'een hogere macht'.

Het loslaten van mijn liaison met zelfmoord was erg moeilijk. Ik denk nog steeds aan zelfmoord, zelfs vandaag de dag nog, maar niet meer met het heftige verlangen en de romantiek van vroeger. In velerlei opzichten was het verliezen van mijn hang naar zelfmoord net zoiets als het verliezen van een geliefde die je je hele leven hebt gehad.

Ik had ook last van 'overlevendenschuld', het schuldgevoel dat jij nog in leven bent terwijl anderen 'het' niet hebben overleefd, en dromen over zelfmoord plegen verlichtten mijn schuld. De gedachte aan zelfmoord stelde me ook gerust dat niemand me ooit weer in de steek kon laten: ik zou als eerste gaan en buiten het bereik van aardse pijn, verlating en innig verdriet zijn.

Ik ben altijd sceptisch als ik hoor dat Amerikanen kinderen uit andere landen adopteren. Ja, heel veel kinderen worden gered uit afschuwelijke omstandigheden en komen in liefdevolle gezinnen terecht. Maar ik hoop dat de nieuwe ouders niet vergeten dat hun kinderen vreemden zijn in een vreemd land en dat zij ieder grammetje gevoeligheid en geduld dat ze bezitten zullen moeten aanwenden.

Niemand, en zeker niet een getraumatiseerd kind, kan hypersnel de overstap van de ene cultuur naar de andere maken. Ze hebben het nodig dat hun eigen cultuur een plaats krijgt in hun nieuwe thuis, en dat dat gerespecteerd wordt. Ze hebben het nodig om te voelen dat er niets mis met hen is dat moet worden veranderd voordat ze ook werkelijk in staat zijn om zich naar de omstandigheden te richten. Ze hebben het nodig om geliefd en gerespecteerd te worden zoals ze zijn; ze hebben het nodig gehoord te worden.

De angst niet gehoord te worden, is mijn hele leven bij me gebleven. Een van mijn steeds terugkerende nachtmerries heeft daarmee te maken: ik ben betrokken geweest bij een ongeluk en ik ben volledig verlamd. Mijn geest is helder; ik weet precies wat er gaande is maar ik kan niet praten. Niemand kijkt me in de ogen – in mijn droom geloof ik dat als ze dat zullen doen, ik in staat ben om op de een of andere manier zo met ze te communiceren – maar in plaats daarvan praten ze over mij en duwen en trekken aan me en doen me pijn. Ik schreeuw vanbinnen, maar aan de buitenkant is niets te zien.

Ik ben ook mijn hele leven bezig geweest om dat te zeggen wat ik denk dat degene met wie ik ben wil horen. Mijn adoptiefouders maakten me dat op de eerste dag volstrekt duidelijk: we willen je niet horen tenzij je wordt zoals wij; je moet onze taal spreken als je met ons wilt communiceren. Dus probeerde ik de taal van anderen te spreken. Ik nam hun maniërisme en jargon over en beaamde zowat alles wat ze zeiden.

Niet gehoord worden was zo verschrikkelijk dat ik bereid was zowat iedere rol op me te nemen als ik maar met iemand kon praten. Ik ben bang geweest om van mening te verschillen met wie dan ook, ik ben bang geweest om mijn eigen mening te geven. Echte, openhartige communicatie is zo subliem en ik moest leren om trouw aan mijn eigen hart te zijn om het te ervaren.

De laatste jaren heb ik geprobeerd om zelfs een heel klein beetje op een waarachtige manier met mijn ouders te praten. Ze hebben in de loop der jaren zelf een ontwikkeling doorgemaakt en iets van de hardvochtigheid die hen in mijn jeugd karakteriseerde begon af te nemen. Ik heb ze nooit verteld hoe diep de wonden zijn die ik door hun toedoen met me meedraag, noch hoe ver ik nu van hun geloof afsta. Maar ze hebben toegegeven dat ze fouten hebben gemaakt en dat hun interpretatie van wat een christelijke opvoeding was misschien wel iets te ver ging.

Ze houden nu van me. Dat weet ik zeker, ook al weten ze niet echt wie ik ben. Ze zeggen tegen me dat ze trots op me zijn: woorden waarvoor ik alles over had gehad om ze in mijn jeugd te horen.

Ik houd ook van hen. Ik weet dat ze in hun eigen jeugd hebben geleden en met hun eigen demonen hebben moeten leren leven.

Gegeven hun geloof en hun rigide opvoeding denk ik dat ze het beste hebben gedaan dat ze konden. Ze wilden gewoon niet dat ik naar de hel zou gaan.
Tijdens een recent bezoek aan hen brak pa in tranen uit en vertelde me dat hij van heel veel dingen in mijn jeugd spijt had. 'Ik was onvolwassen,' zei hij. 'Ik wist niet hoe ik een goede vader moest zijn. Ik schaam me voor de manier waarop ik je heb behandeld.'
De veranderingen in ma zijn het meest opmerkelijk. Hoe ouder hoe zachtaardiger ze wordt. Haar herinneringen aan mijn jeugd zijn lieflijk en teder, en ik probeer dat niet aan te vechten. Ze zat aan de eettafel toen Leigh en ik bij hen op bezoek waren, en ze schoof kleine worteltjes heen en weer over haar placemat. 'Hier,' zei ze blij terwijl ze ons allebei wat worteltjes gaf. 'Die zijn echt lekker.' Leigh en ik verbaasden ons er later over: ma vond het, toen ik jong was, zelfs niet goed als er een pak melk op tafel stond; ze stond erop dat melk in een kan werd geschonken en zo op tafel kwam. En nu zat ze met worteltjes te spelen.
Ze zit zonder morren op pa te wachten tot hij voor haar kan zorgen. Ze is dolblij als ik opbel en ze noemt me 'schat'. Ze haalt herinneringen op over mijn adoptie en mijn jeugd en zegt dat ik het beste was dat haar ooit is overkomen. Ze zegt tegen me dat ik een prachtig kind was.

Negentien

Koreaanse moeders zijn verbazingwekkende voorbeelden van lijdzame zelfopoffering. Ze werken zo hard, zorgen voor hun mannen, zorgen voor hun kinderen en hun geduld is onuitputtelijk. Omma was de belichaming van dat culturele fenomeen. Ze gaf aan mij het beste van zichzelf, en deed dat ook nog eens in de omstandigheden die mijn volwassen geest versteld doen staan. Ze had geen vrienden of familie. Ze kreeg geen hulp en zelfs doodnormale beleefdheden van andere volwassenen werden tegenover haar niet in acht genomen. Ze was in de steek gelaten door de man van wie ze hield, en ze bleef achter met een kind voor wie ze moest zorgen en dat niemand anders zou erkennen. Ze verrichtte zwaar werk, iedere dag weer, en ze leefde in troosteloze armoede.

Ze wist dat niets ooit beter zou worden: er waren geen dromen voor haar om zichzelf staande te houden; de mogelijkheid dat ze gered zou worden, bestond niet.

Niettemin zorgde ze ervoor dat mijn leven zo gelukkig was als zij het maar kon maken. Ze glimlachte en zong samen met me; ze bleef 's avonds op en speelde met me terwijl ik wist dat ze doodmoe moest zijn. Ze behandelde me met een nimmer falende zachtaardigheid en genegenheid.

Zoals het een goede Koreaanse moeder betaamt, zorgde ze ervoor dat ik het beste kreeg van wat er te eten was. Ze wachtte totdat ik genoeg rijst had gehad voordat ze zelf begon te eten, en de heetste en de sterkste thee werd in mijn beker geschonken. Ze wikkelde me in de dekens die we hadden en gebruikte haar lichaam dan als extra bescherming voor mij tegen de kou. Ze gaf me mijn zin en verwende me, en ik kan me niet één keer herinneren dat ze in woede haar stem verhief. Ze sloeg me nooit. Haar liefde kende geen grenzen.

Mensen stellen me tegenwoordig vragen over mijn genezingsproces, en ik weet nooit helemaal zeker wat ik moet zeggen.
Ik voel me niet 'genezen'. Ik voel me sterker, dat zeker; ik voel me een mens en ik voel dat ik leef. Ik weet niet of echte genezing in dit leven plaats kan vinden. Ik hoop van wel, maar er zijn vele momenten waarin ik me meegesleurd voel in de leegte en geen enkele hoop meer heb. Er zijn nog vele momenten waarop ik twijfel of ik wel in staat ben om liefde bij anderen op te wekken. En net als ieder ander zijn er vele momenten waarin ik me verschrikkelijk alleen en doodsbang voel.
Niettemin voel ik, als ik me verplaats in de ziel van een ander en van daaruit naar de wereld kijk, een intense golf medeleven en tederheid en verdriet om de pijn die zij hebben geleden, en een hevig verlangen om die pijn uit te wissen en hun troost en rust te bieden. Ik ben niet in staat om dat voor wie dan ook te doen. Een groot deel van de tijd ben ik zelfs niet in staat om dat voor mezelf te doen. We worstelen allemaal in ons eentje door de tienduizend vreugdes en tienduizend tranen in ons leven.
Maar omdat we uiteindelijk alleen zijn, en omdat het leven zo hard is, is ieder moment van schoonheid, iedere gulle lach en iedere kus kostbaar en van enorme invloed. Ik ben intens dankbaar voor ieder fragiel moment van tevredenheid.
Voor mij is de panische angst om verlaten te worden begonnen in de nacht dat mijn moeder stierf. Heel veel angsten zijn die nacht ontstaan. Maar mijn verlatingsmantra – 'iedereen om wie ik geef, zal me in de steek laten' – heeft ieder moment van mijn

leven geklonken. Ik ga telkens weer terug naar die nacht, maar iedere keer blijk ik iets nieuws te ontdekken.
Het heeft lang geduurd voordat ik kon toegeven hoe boos ik op mijn moeder was dat ze me op die manier in de steek had gelaten en dat ze me het heeft laten zien. Waarom heeft ze me niet weggestuurd? Waarom heeft ze me zelf niet naar een weeshuis gebracht? Waarom zette ze me op een plek waarvan ze wist dat ik zo duidelijk zou zien wat er gebeurde?
Ik heb er geen antwoorden op, maar ik geloof dat ze het beste heeft gedaan wat ze kon doen.
Ze was het product van een tijd en plaats waar eer en moed hoog in het vaandel stonden, en ze deed haar best om die beide kwaliteiten geleidelijk bij haar dochter in te prenten. Ik geloof dat ze wilde dat ik in staat was om tegen alles opgewassen te zijn. Ik geloof dat ze wilde dat ik accepteerde dat wij beiden mikpunten van vervolging waren, en ze wist dat ik het soort moed en nietaflatende kracht nodig had die alleen achter de poorten van de hel verfijnd kunnen worden. Ik geloof ook dat ze meer van mij hield dan van haar eigen leven, en welke slechte beslissing ze ook heeft genomen, ze heeft die genomen uit angst en onwetendheid, maar altijd met liefde.
Als ik vandaag tegen haar kon praten, oog in oog, zou het eerste zijn dat ik tegen haar zou zeggen: 'Ik vergeef je.' En daarna zou ik haar vertellen hoeveel ik van haar houd. Ik hou van haar. Ik hou van haar.

Hoewel het niet algemeen erkend of besproken wordt, is de praktijk van 'eremoorden' niet samen met mijn moeder opgehouden te bestaan. De tragiek van haar leven is niet een op zichzelf staand gebeuren.
Onlangs sprak ik een Koreaanse man die zijn verbazing niet uitte toen ik hem vertelde over de dood van mijn moeder. 'Ja,' zei hij, 'was het vanwege seksuele smaad?' Zijn houding was gelaten. 'Ik zeg niet dat het goed is, maar je moet het begrijpen. Zo is de cultuur nu eenmaal.'

Op de redactie waar ik werk, komen regelmatig berichten binnen over 'eremoorden'. Ze vinden niet alleen in Korea plaats maar ook in Israël, China, Iran, India en vele andere landen. We horen er niet veel over, deels omdat ze gepleegd worden op plekken die ver van ons bed liggen en omdat ze buiten het bereik van ons denken vallen, maar ook omdat in zulke gevallen vaak opgegeven wordt dat de vrouwen zelfmoord hebben gepleegd. En veel mensen in die landen accepteren 'eremoorden' als een onaangenaam maar traditioneel onderdeel van hun samenleving. Er worden gewoonweg geen vraagtekens bij gezet.

Het is onmogelijk om erachter te komen hoeveel vrouwen er zijn vermoord vanwege cultureel bepaalde schendingen, maar we kunnen ons voorstellen dat er ontelbare andere kinderen zijn die hun moeders hebben zien sterven en zichzelf er de schuld van hebben gegeven; en andere mensen die opgroeien en het gevoel hebben geen gezicht en geen ziel te hebben, minder dan menselijk te zijn.

Er zijn ontelbaar veel andere vrouwen aan wier levens op gewelddadige wijze een einde is gemaakt, aan het leven van mooie, briljante, eenvoudige, uitbundige en timide, doodgewone en opzienbarende vrouwen die jij en ik nooit zullen leren kennen, en de hele wereld is er daarom slechter aan toe.

Twintig

Ik heb altijd gedroomd over de nacht waarin Omma stierf, maar naarmate ik ouder word, veranderen de dromen. Ik vind er nu ook enige troost in.

Ik kan die kamer binnengaan en het touw doorsnijden en de strop om haar nek weghalen en haar in mijn armen nemen. En haar magere, blauwe gezicht kussen totdat het dat mooie, met een blosje getinte porselein wordt, en haar wiegen zoals ze mij zo vaak heeft gewiegd. En haar wijd open ogen sluiten en haar zingend in laten slapen.

O, God, ik mis haar zo verschrikkelijk.

En in diezelfde droom kan ik als volwassene die kamer betreden en dat doodsbange, bebloede kind oppakken en haar tegen me aan drukken totdat mijn borst oplost en zij met mij versmelt. Ik kan tegen haar zeggen dat ze nooit meer alleen zal zijn. Ik kan tegen haar zeggen dat het niet haar schuld is dat haar Omma dood is.

Ik kan tegen haar zeggen dat ze het waard was om gered te worden.

Die nacht, en deze nacht, zijn als minuscule tegeltjes in het enorme, veelkleurige mozaïek van het leven. Ze zijn als voorbijsnellende schaduwen in een droom. Ik kijk uit mijn raam en zie de werkelijkheid: dit leven is als de dichte mist die in de ochtend om

mijn veranda wervelt: hij ziet er echt en compact uit, hij neemt vage en vastere vormen aan. Maar als de zon hem genoeg opwarmt, verdwijnt hij zonder een spoor achter te laten.
Misschien is dit leven zo. Misschien is deze pijn zo. Angsten en verwachtingen en dromen en verdriet zullen allemaal oplossen als de mist die ze zijn, en wat overblijft is het licht en de warmte van mijn diepste zelf of ziel of wat het dan ook mag wezen.
Ik wil echte liefde in dit leven, en echte tevredenheid en vrede met mezelf en de wereld om me heen. Maar misschien is de enige manier waarop ik die dingen kan vinden, het geloof loslaten dat dit leven mijn werkelijkheid is.

Volmaakte hoffelijkheid
Opdat jij me zult zien
Onmetelijke goedheid
Zodat je gelooft
Dat ik, het gezichtloze kind van de duisternis
Gewijde paleizen van liefde kan betreden.
Ik kan aanraken, en geen schaamte in het aanraken bemerk.
Ik kan hopen, en niet tevergeefs hoef te hopen.
Een sereniteit die mijn begrip te boven gaat
Is als zachte regen op mij neergedaald.

Epiloog

Niet zo lang geleden ging ik met een vriendin naar een Koreaans restaurant in San Francisco. We bestelden een hele rits verschillende soorten kimchi met daarbij rijst en thee. Ongeveer halverwege de maaltijd kwam een Koreaanse familie binnen: ouders, twee kinderen, een grootmoeder. Ze hadden kennelijk iets leuks gedaan: de kinderen hadden ballonnen bij zich en hadden die smoezelige gezichten van een dag buiten spelen. De volwassenen lachten met de kinderen en gingen hartelijk met ze om; de kinderen vroegen om bepaalde schotels op de zelfverzekerde manier die kinderen hebben als ze weten dat ze innig geliefd zijn.

Ik keek naar ze terwijl ze aan de andere kant van de ruimte zaten en pinkte wat tranen weg. Ik at mijn kimchi en staarde naar ze terwijl ze giechelden en een feestmaal van verschillende gerechten deelden. Ik wilde me zo graag bij hen aansluiten. Ik wilde naar hen toe lopen en zien dat hun glimlach ook voor mij was bestemd; ik wilde deel uitmaken van die hechte, ongeschonden familiekring.

Toen we net de deur uit waren, liepen drie meisjes langs ons, vrolijk babbelend terwijl ze op het restaurant afstevenden. Het waren jeugdige vriendinnen, waarschijnlijk niet ouder dan zestien, opgewonden omdat ze samen uitgingen. De eerste twee praatten met elkaar en stoven me voorbij, maar de derde liep langzamer.

We maakten oogcontact en ik glimlachte naar haar; ik mocht haar alleen al omdat ze een jong Koreaans meisje was dat bijna net zo keek als ik ooit had gekeken en ze er een beetje verloren uitzag. Ze glimlachte terug, schichtig, en boog toen voor me. Geschrokken boog ik ook en de tranen sprongen in mijn ogen. Het was alsof iemand me een cadeau had gegeven waarop ik mijn hele leven had gewacht. Voor het eerst had iemand van Koreaanse afkomst me niet minachtend aangekeken en zelfs niet nieuwsgierig, maar als iemand die erkenning en respect verdient. Ik was geaccepteerd, en kon wel schreeuwen van vreugde en haar tegen me aandrukken.

Het meisje buiten voor het restaurant had geen idee wat een diepgaand effect haar eenvoudige, beleefde optreden op me had. In de Koreaanse cultuur is de buiging alles. Degene die minder belangrijk is buigt als eerste, als teken van respect. Hoe groter het respect, hoe dieper de buiging. Nog nooit had iemand in mijn leven, behalve mijn moeder, voor me gebogen. Ik boog voor haar zoals ik zo vaak voor Omma had gebogen, en werd overspoeld door een golf van liefde en verdriet.

Alles is mogelijk, zei Omma tegen me. Ze geloofde dat ik op een dag iemand zou zijn, en dat mensen naar me zouden glimlachen en voor me buigen en me in de ogen kijken. Ze geloofde dat het leven van haar kind op een dag van waarde zou zijn.

Nu gelooft haar kind dat ook.